Learn Spanish with TimeTravel Stories

Spanish A1 Reader

Brian Smith

Spanish Graded Readers

For more books and E-book options visit:

www.briansmith.de

Aventuras en el Tiempo

El Invento en Barcelona

Es el año 2077. Vivo en Barcelona, España. Soy un inventor y tengo una máquina del tiempo. La máquina es grande y de color plata.

"Max, ven aquí," digo. Mi perro, Max, corre hacia mí. Max es mi mejor amigo. Él ladra feliz.

"Hoy es un día especial, Max," le digo. "¿Listo para una aventura?" Max mueve la cola.

Pruebo la máquina del tiempo hoy. Max y yo entramos en la máquina. La máquina tiene muchos botones y luces.

"Ahora, vamos al pasado," digo y configuro la máquina. Max me mira con curiosidad.

Pulso el botón de inicio. "¡Adiós, Barcelona!" grito. Todo en la máquina empieza a girar muy rápido.

Max ladra: "¡Guau, guau!" Yo digo, "¡Tranquilo, Max! ¡Vamos a ver cosas increíbles!"

Todo sigue girando. De repente, todo es diferente.

"¡Mira, Max! ¡Estamos viajando en el tiempo!" digo emocionado.

Max y yo nos miramos. Estamos listos para nuestra aventura en el pasado.

- Aventura - Adventure
- Botones - Buttons
- Configuro - I configure
- Curiosidad - Curiosity
- Emocionado - Excited
- Girar - To spin
- Increíbles - Incredible
- Inventor - Inventor

- Ladra - Barks
- Máquina - Machine
- Mirar - To look
- Pruebo - I test
- Pulso - I press
- Rápido - Fast
- Tranquilo - Calm
- Viajando - Traveling
- Viaje - Trip

Llegada a París

Paramos en París, Francia. "¡Mira, Max! Estamos en 1889," le digo.

La ciudad es muy bonita. "Es diferente, ¿verdad, Max?" Max ladra feliz.

Vemos muchos caballos y carruajes. La gente lleva ropa antigua y bonita. "Es como en los libros," le comento a Max.

Hoy es un día muy importante. "Es la Exposición Mundial, Max. Vamos a verla," digo emocionado. Max mueve la cola.

Caminamos por las calles de París. Todo es nuevo y antiguo al mismo tiempo. "¡Qué bonito!" digo.

Vemos muchos inventos nuevos. "Mira eso, Max," señalo un invento. Max lo mira curioso.

La gente nos mira también. Ellos parecen sorprendidos. "Buen día," les digo sonriendo. Max ladra amigablemente.

"¿Tienes hambre, Max?" pregunto. Encontramos un lugar para comer. Comemos pan francés. "Esto es delicioso," digo. Max come rápido.

Luego, tomamos fotos con una cámara antigua. "¡Sonríe, Max!" digo. Max parece sonreír.

Estamos emocionados y felices. "¿Te gusta París, Max?" pregunto. Max ladra: "¡Guau, guau!"

"París es increíble, ¿verdad?" digo. Max y yo seguimos explorando, felices juntos en esta nueva y antigua ciudad.

- Antigua - Old, ancient
- Bonita - Pretty
- Caballo - Horse
- Caminamos - We walk
- Carruajes - Carriages
- Comemos - We eat
- Delicioso - Delicious
- Emocionados - Excited
- Exposición - Exhibition
- Hambre - Hunger
- Inventos - Inventions
- Llegada - Arrival
- Mundial - World (as in World Fair)
- Parecen - They seem
- Rápido - Fast
- Sorprendidos - Surprised
- Sonríe - Smile (imperative form)

La Torre Eiffel

Vemos una estructura muy grande. "¡Mira, Max! Es la Torre Eiffel," le digo.

La Torre es muy nueva y brilla con el sol. "Hoy es un día importante, es su apertura," le explico a Max.

Decidimos subir a la Torre Eiffel. Entramos en el ascensor. "Es un poco lento," comento. Max mira todo curioso.

Finalmente, llegamos a la cima. "¡Guau, qué vista!" exclamo. Vemos toda París desde arriba.

Max ladra feliz. "¿Te gusta, Max?" pregunto. Max sigue ladrando; parece que le encanta.

Abajo, la gente celebra. "Están felices como nosotros," digo. Max y yo miramos a la gente.

Comemos un croissant en la cima. "Esto es delicioso," digo. Max también come un pedacito.

"Este es un momento muy especial, ¿verdad, Max?" Max me mira y parece sonreír.

Luego, es hora de bajar. "Vamos, Max, volvamos a la tierra," digo.

Bajamos de la Torre y sentimos una gran alegría. "Ha sido una gran aventura, ¿no, Max?" Max ladra en señal de acuerdo.

"La Torre Eiffel es increíble," le digo a Max mientras caminamos. "Hoy ha sido un día maravilloso." Max y yo caminamos contentos, recordando la vista desde la cima.

- Alegría - Joy
- Apertura - Opening
- Ascensor - Elevator
- Bajar - To go down
- Celebra - Celebrates
- Cima - Top, summit
- Estructura - Structure
- Felices - Happy (plural)
- Increíble - Incredible
- Ladrando - Barking
- Lento - Slow
- Maravilloso - Wonderful
- Pedacito - Small piece
- Subir - To go up
- Tierra - Earth, ground
- Vista - View

Aventuras en París

Hoy exploramos más de París. "Mira, Max, ¡artistas!" digo, señalando las calles llenas de arte.

Max y yo vemos a artistas pintando. "¡Qué bonito!" exclamo. Max ladra, como si estuviera de acuerdo.

En un puesto, veo un cuadro pequeño y bonito. "Nos lo llevamos, ¿verdad, Max?" pregunto. Compramos el cuadro.

Después, visitamos el río Sena. "Es muy grande," comento. Max mira el agua.

Decidimos montar en un bote pequeño. "Tranquilo, Max, es seguro," le digo. El agua es muy tranquila y el paseo es suave.

Pasamos por el Museo del Louvre. "Mira, Max, es famoso," señalo. Pero no entramos hoy.

Tengo hambre. "Hora de comer," digo. Comemos queso francés. "Es diferente, pero sabroso," opino. Max prueba un poco y parece gustarle.

Hablamos con la gente local. "Bonjour," digo con una sonrisa. La gente sonríe de vuelta. Aprendemos palabras en francés juntos.

En el parque, jugamos con otros perros. Max está muy contento y corre mucho.

"París es maravilloso, ¿verdad, Max?" pregunto. Max ladra feliz.

"¡Guau! París nos encanta," digo, mirando a mi alrededor. Max y yo seguimos disfrutando de nuestra aventura en la hermosa ciudad de París.

- Alrededor - Around
- Arte - Art
- Artistas - Artists
- Bote - Boat
- Cuadro - Painting
- Diferente - Different

- Encanta - Love (in the sense of "we love")
- Exploramos - We explore
- Famoso - Famous
- Gustarle - To like (it pleases him/her)
- Hambre - Hunger
- Llevarnos - To take with us
- Montar - To ride
- Parque - Park
- Paseo - Stroll, ride
- Queso - Cheese
- Tranquilo - Calm

Problemas con la Máquina

Es hora de volver. "Vamos, Max, tenemos que regresar," digo mientras caminamos hacia la máquina del tiempo.

Pero al llegar, veo un problema grande. La máquina del tiempo no enciende. "Oh no," digo preocupado.

Max me mira, triste. "No te preocupes, amigo, encontraremos una solución," le aseguro.

Necesitamos ayuda. Camino por las calles de París buscando a alguien que pueda ayudarnos. "¿Conoces a un inventor?" pregunto a la gente.

Me hablan de un señor llamado Georges. "Debe vivir cerca de aquí," dice una señora amable.

Voy a la casa de Georges y le explico el problema. "Mi máquina del tiempo no funciona," le digo.

Georges me mira sorprendido. "Vamos a verla," dice. Él es muy inteligente.

Trabaja en la máquina durante muchas horas. Max y yo esperamos pacientemente.

Finalmente, después de mucho trabajo, Georges repara la máquina. "¡Funciona!" exclamo feliz.

Estoy muy agradecido. "Muchas gracias, Georges, eres un héroe," le digo con una gran sonrisa.

Georges sonríe. "De nada. Fue un placer ayudar," responde.

Damos gracias a Georges muchas veces. "Gracias, gracias, gracias," decimos.

Ahora, Max y yo preparamos la máquina otra vez. "Espero que esta vez funcione bien," digo esperanzado.

Max ladra, como diciendo que él también lo espera. Nos miramos, listos para intentarlo de nuevo.

- Agradecido - Grateful
- Amable - Kind
- Aseguro - I assure
- Enciende - Turns on
- Esperamos - We wait
- Esperanzado - Hopeful
- Funciona - It works
- Máquina - Machine
- Paciente - Patient
- Preocupado - Worried
- Problema - Problem
- Reparar - To repair
- Solución - Solution
- Sorprendido - Surprised
- Trabaja - Works (he/she works)

Regreso a Barcelona

Configuramos la máquina para el año 2077. "Es hora de decir adiós, Max," digo, mirando las calles de París.

Max y yo entramos en la máquina del tiempo. Nos miramos un poco tristes, pero también estamos felices.

Respiro hondo y pulso el botón de inicio. "Vamos a casa," le digo a Max.

La máquina del tiempo empieza a girar rápidamente. Todo alrededor se vuelve borroso. "¡Agárrate, Max!" exclamo.

El viaje por el tiempo parece más rápido esta vez. En un instante, todo se detiene.

Abrimos la puerta de la máquina y salimos. Estamos en Barcelona, nuestro hogar. "¡Hemos vuelto!" grito emocionado.

Salimos de la máquina y miramos a nuestro alrededor. Todo es como lo recordábamos. "Estamos en el futuro otra vez," digo, sonriendo.

Max ladra feliz y corre alrededor. Parece decir, "¡Estoy feliz de estar en casa!"

Yo también estoy contento. "Es bueno estar de vuelta, ¿verdad, Max?" digo mientras acaricio a Max.

Nos abrazamos felices de estar en casa. Barcelona nos da la bienvenida. Es el final de nuestra increíble aventura en el tiempo.

- Abrazamos - We hug
- Adiós - Goodbye
- Acaricio - I caress
- Agárrate - Hold on
- Borroso - Blurry
- Configuramos - We configure
- Contento - Happy
- Detiene - Stops
- Emocionado - Excited
- Girar - To spin
- Hogar - Home
- Inicio - Start
- Recordábamos - We remembered
- Respiro - I breathe
- Vuelto (from 'hemos vuelto') - Returned (we have returned)

Max en el Tiempo de los Romanos

Un Viaje Equivocado

Max está en su laboratorio en Barcelona. Hoy es un día importante. "Hoy voy a ver la Armada Española en 1588," piensa con emoción.

Antes de viajar, Max revisa su máquina del tiempo. La configura con cuidado. "Todo está listo," dice en voz alta.

Pero Max está nervioso y comete un error sin darse cuenta. No lo sabe aún.

"Es hora de ir," dice Max. Pulsa el botón de inicio con una mano temblorosa. La máquina del tiempo empieza a girar. "¡Aquí vamos!" grita Max.

Todo alrededor de Max se vuelve borroso. "¿Qué pasa?" pregunta asustado. El viaje es rápido y muy confuso.

De repente, la máquina se detiene. Max espera unos segundos antes de abrir la puerta. "¿Llegamos?" se pregunta.

Sale de la máquina y mira alrededor. "Esto no es 1588," dice sorprendido. Ve edificios grandes y antiguos. "¿Dónde estoy?" Max está confundido.

Camina un poco y ve inscripciones en las piedras. "Esto es latín," piensa. "¡Estoy en la Roma antigua, en el año 200!"

Vuelve corriendo a la máquina del tiempo. Intenta arrancarla de nuevo, pero no funciona. "No puede ser," dice preocupado. "La máquina del tiempo está rota."

Max mira la máquina averiada. "¿Qué hago ahora?" se pregunta. Está solo, en un tiempo muy lejano y sin forma de volver.

- Antiguos - Ancient
- Armada - Navy
- Arrancarla - To start it (referring to the machine)
- Averiada - Damaged, broken
- Confundido - Confused

- Configura - Configures
- Detiene - Stops
- Equivocado - Wrong, mistaken
- Inscripciones - Inscriptions
- Máquina - Machine
- Nervioso - Nervous
- Piedras - Stones
- Revisa - Checks, reviews
- Temblorosa - Trembling
- Viajar - To travel
- Viaje - Journey

Escondiendo la Máquina

Max mira su máquina del tiempo rota. "Tengo que esconderla," piensa preocupado. No quiere que nadie la encuentre.

Camina buscando un lugar seguro. "Necesito encontrar un buen escondite," murmura.

Después de caminar un rato, encuentra una cueva cerca. "Perfecto," dice Max aliviado. Lleva la máquina adentro.

Usa ramas para cubrir la entrada de la cueva. Trabaja con cuidado. "Ahora, nadie puede verla," dice satisfecho.

Max se detiene un momento. Se siente un poco perdido y solo. "Estoy en la antigua Roma," piensa. "¿Y ahora qué?"

Pero Max es valiente. "Debo explorar y aprender," decide. Empieza a caminar hacia la ciudad de Roma.

En el camino, ve gente vestida de una manera extraña. Llevan túnicas. "Vaya, son como en los libros," piensa sorprendido.

Max observa todo con atención. "Debo tener cuidado y no llamar la atención," se dice a sí mismo.

Llega a la ciudad y se mezcla con la multitud. Camina con los demás, intentando parecer un romano más. "Solo debo actuar normal," piensa. Y así, Max empieza su nueva vida en la antigua Roma.

- Actuar - To act
- Aliviado - Relieved
- Antigua - Ancient
- Camina - He/she walks
- Cubrir - To cover
- Encuentra - He/she finds
- Escondite - Hiding place
- Esconderla - To hide it (referring to the machine)
- Lleva - He/she carries
- Mezcla - He/she mixes, blends in
- Murmura - He/she murmurs
- Parecer - To seem, to look like
- Perdido - Lost
- Ramitas - Small branches (altered from "ramas" to maintain the meaning while making it more specific)
- Satisfecho - Satisfied
- Túnicas - Tunics
- Valiente - Brave

Aventuras en Roma

Max camina por las calles de Roma. Ve templos grandes y estatuas muy altas. "Qué diferente es todo aquí," piensa Max.

La gente pasa por su lado hablando en latín. Max no entiende nada. "No entiendo," dice Max, pero sonríe. Él observa y trata de aprender.

Max ve a hombres fuertes, los gladiadores, y a hombres importantes, los senadores. "Son como de los libros," se dice a sí mismo, impresionado.

Luego, Max visita el mercado romano. Hay muchas personas y cosas para ver. "Qué interesante," dice Max, mirando todo.

Prueba comida romana: pan y frutas. "Mmm, esto es muy bueno," dice Max, disfrutando de la comida.

Después, Max compra una túnica. Se la pone y se mira. "Ahora parezco romano," dice feliz. Quiere mezclarse con la gente.

En el mercado, Max hace amigos. Habla con algunos romanos. "Hola," dice Max. "Hola," responden ellos. Max se siente contento.

Los nuevos amigos de Max le enseñan palabras en latín. "Gracias," dice Max, aprendiendo. "De nada," responden ellos, sonriendo.

Max disfruta mucho descubriendo la ciudad. "Roma es increíble," piensa. Camina feliz por las calles, aprendiendo y viviendo nuevas aventuras.

- Aprender - To learn
- Calles - Streets
- Descubriendo - Discovering
- Diferente - Different
- Enseñan - They teach
- Estatuas - Statues
- Frutas - Fruits
- Fuertes - Strong
- Gladiadores - Gladiators
- Impresionado - Impressed
- Increíble - Incredible
- Mercado - Market
- Mezclarse - To blend in, to mix
- Senadores - Senators
- Templos - Temples
- Túnica - Tunic

Un Malentendido

Max ya se siente más cómodo en Roma. Camina por las calles con confianza. "Me gusta este lugar," piensa.

Pero un día, algo inesperado pasa. Mientras mira unas frutas en el mercado, alguien grita: "¡Ladrón, ladrón!"

Max se da vuelta sorprendido. "¿Yo?" pregunta, señalándose a sí mismo.

La gente comienza a rodearlo; todos están muy enojados. "No entiendo," dice Max, tratando de explicar.

Pero nadie lo escucha. Intenta escapar, pero varias personas lo atrapan y lo sujetan fuerte.

Lo llevan ante un oficial romano. Max mira al oficial y dice: "No soy un ladrón."

Pero el oficial no entiende bien. "¿Qué dices?" pregunta el oficial, mirando a Max con seriedad.

Max intenta hablar en el latín que ha aprendido. "No robo. Amigo en Roma," dice, pero su latín es muy básico.

El oficial se rasca la cabeza, confundido. "No entiendo," dice, pero decide que deben llevar a Max a la cárcel.

En la cárcel, Max está solo y preocupado. "¿Qué voy a hacer ahora?" se pregunta.

Mira las paredes de la celda y suspira. "Necesito encontrar una salida," piensa antes de acostarse en el suelo frío, esperando el amanecer.

- Amanecer - Dawn
- Ante - Before (in front of someone, in this context before an official)
- Atrapan - They catch
- Cárcel - Jail
- Celda - Cell
- Confianza - Confidence
- Confundido - Confused
- Enojados - Angry
- Escapar - To escape
- Frutas - Fruits
- Inesperado - Unexpected
- Ladrón - Thief
- Malentendido - Misunderstanding
- Oficial - Officer

- Paredes - Walls
- Rasca - Scratches (from "se rasca")
- Sujetan - They hold (from "lo sujetan")

Un Nuevo Amigo

En la cárcel, Max se siente solo y triste. Pero entonces, conoce a Marco.

Marco es un joven soldado romano. "Hola," dice Marco, "¿Cómo te llamas?"

"Soy Max," responde Max, sorprendido de escuchar un poco de español.

Marco sonríe. "Hablo un poco de español," dice. Rápidamente, se hacen amigos.

Marco escucha la historia de Max y dice, "Creo que eres inocente."

Max se siente un poco mejor. Marco le enseña más palabras en latín. "Esto te ayudará," dice Marco.

Juntos, piensan en un argumento para defender a Max. "Debemos ser claros y simples," explica Marco.

Max aprende de Marco sobre la vida en Roma. Se siente agradecido por tener un nuevo amigo.

Pero Max aún está preocupado. "¿Qué pasará conmigo?" pregunta.

"No te preocupes," responde Marco. "Te ayudaré."

La noche antes del juicio, están nerviosos. No pueden dormir. "Mañana es un día importante," dice Max.

"Sí," responde Marco. "Pero estaremos preparados."

Juntos, repasan su plan para el juicio, esperando que todo salga bien.

- Agradecido - Grateful

- Amigo - Friend
- Argumento - Argument, reasoning
- Defender - To defend
- Enseña - Teaches
- Escucha - Listens
- Inocente - Innocent
- Juicio - Trial
- Juntos - Together
- Latín - Latin
- Nerviosos - Nervous
- Pasará - Will happen (from "¿Qué pasará?")
- Preocupado - Worried
- Preparados - Prepared
- Siente - Feels
- Soldado - Soldier
- Triste - Sad

Capturado como Esclavo

Es un día soleado, pero para Max, el corazón está nublado. Lo llevan ante el juez romano.

El juez mira a Max con ojos estrictos y serios. "Se te acusa de ser un esclavo fugitivo," dice el juez.

Max se sorprende. "No soy un esclavo," intenta explicar. "Soy..." Pero las palabras no salen bien en latín.

Marco da un paso adelante. "Él no es un esclavo, es mi amigo," defiende Marco con pasión.

Pero las cosas no van bien. La gente grita y el juez golpea su mazo. "¡Silencio!" grita. Pero no escucha la defensa de Marco.

Finalmente, el juez habla fuerte y claro. "Max, te declaro culpable."

Max no puede creerlo. "Pero..." intenta hablar, pero dos guardias lo agarran.

"Serás enviado al Coliseo," anuncia el juez. La noticia golpea a Max como una piedra.

Antes de ser llevado, Max mira a Marco. "Lo siento, amigo," dice Marco. "Haré lo que pueda para ayudarte."

Max asiente, tratando de ser fuerte. "Gracias, Marco," dice con voz temblorosa.

Los guardias lo llevan a los cuarteles de los gladiadores. Es un lugar de miedo y determinación.

Allí, Max se da cuenta de lo que le espera. "Debo ser fuerte," se dice a sí mismo mientras mira la arena desde lejos.

Se prepara mentalmente para el mayor desafío de su vida. "Sobreviviré," se promete, mientras el sol comienza a ponerse.

- Acusa - Accuses
- Adelante - Forward
- Arena - Arena, sand
- Coliseo - Colosseum
- Cuartel - Barracks
- Culpable - Guilty
- Desafío - Challenge
- Determinación - Determination
- Esclavo - Slave
- Estrictos - Strict
- Fugitivo - Fugitive
- Golpea - Hits, strikes
- Guardias - Guards
- Mazo - Gavel, mallet
- Nublado - Cloudy
- Silencio - Silence
- Temblorosa - Trembling

Entrenamiento para la Batalla

Max entra en el área de entrenamiento. Hoy empieza su nueva vida como gladiador.

Un entrenador se acerca con una espada y un escudo. "Usa esto," le dice. Max toma las armas, sintiendo su peso.

Los otros gladiadores miran. Son grandes y fuertes. Pero Max no se deja intimidar.

Con cada día que pasa, Max se vuelve más ágil. "Eres rápido," le dice el entrenador, impresionado.

El entrenador, un antiguo gladiador, le enseña técnicas especiales. Max se concentra y aprende.

Cada golpe que Max da se siente más fuerte. "Estoy mejorando," piensa con determinación.

Aprende a moverse como un verdadero luchador romano. Aunque tiene miedo, siente un fuego de coraje dentro de sí.

Marco viene a verlo. "Estás haciendo bien, Max," dice Marco, dándole una palmada en el hombro.

"Extraño mi hogar, Marco," le confiesa Max durante una pausa. "Pero no puedo rendirme."

Marco asiente. "Tienes que luchar para sobrevivir. Y yo estaré aquí para ti," dice firmemente.

La noche antes de su primera lucha, Max mira al cielo estrellado. El sueño es imposible.

Se acuesta, cerrando los ojos, pero su mente está lejos, en Barcelona, en su tiempo. "Algún día volveré," susurra en la oscuridad.

- Ágil - Agile
- Antiguo - Ancient, old
- Armas - Weapons
- Coraje - Courage

- Determinación - Determination
- Entrenador - Trainer
- Entrenamiento - Training
- Espada - Sword
- Estrellado - Starry
- Fuertes - Strong
- Gladiador - Gladiator
- Impresionado - Impressed
- Intimidar - Intimidate
- Luchador - Fighter
- Palmada - Pat
- Rendirme - Give up (from "no puedo rendirme")
- Sobrevivir - To survive

La Batalla en el Coliseo

Es la mañana de la batalla. Max se despierta sabiendo que hoy es un día importante.

Camina hacia la entrada del Coliseo. Puede oír los gritos de miles de personas. "Hoy debo ser fuerte," se dice a sí mismo.

Max entra en la arena. La luz del sol llena el lugar y puede ver las caras de la multitud.

Siente un miedo profundo pero también una fuerte determinación. "Tengo que sobrevivir," piensa.

De repente, las puertas se abren. Max ve a los leones acercándose. "Es hora," se dice, y se prepara para luchar.

Con valentía, enfrenta a los leones. Se mueve rápido y con inteligencia. La multitud observa en silencio al principio, luego empieza a gritar.

Max logra derrotar a los leones. Levanta los brazos en señal de victoria y la multitud estalla en aplausos.

Pero la batalla no ha terminado. Ahora debe enfrentarse a otros gladiadores. Son fuertes y peligrosos.

Cada pelea es más difícil que la anterior. Max usa todo lo que ha aprendido, luchando con todas sus fuerzas.

Está cansado, muy cansado. Tiene heridas, pero no se rinde. "Debo continuar," se repite.

En la última y más desesperada de las peleas, Max lucha con un gladiador enorme. Da todo de sí, pero finalmente cae al suelo.

Un silencio profundo llena el Coliseo. Todos reconocen el valor de Max, un valiente entre valientes.

En sus últimos momentos, Max piensa en su hogar y en su increíble viaje. Sabe que no volverá, pero se siente en paz sabiendo que luchó con honor.

La historia de Max, el viajero del tiempo, quedará para siempre en los corazones de aquellos que lo vieron luchar, especialmente en el de Marco. Su coraje, su lucha y su espíritu nunca serán olvidados en la antigua Roma.

- Acercándose - Approaching
- Aplausos - Applause
- Arena - Arena (in this context, sand area of the Colosseum)
- Caras - Faces
- Desesperada - Desperate
- Determinación - Determination
- Enfrenta - Faces
- Estalla - Bursts (from "la multitud estalla")
- Gladiadores - Gladiators
- Heridas - Wounds
- Increíble - Incredible
- Leones - Lions
- Luchando - Fighting
- Multitud - Crowd
- Peleas - Fights
- Valentía - Bravery
- Victoria - Victory

La Bruja del Tiempo

La Bruja de la Edad Media

En la España de la Edad Media, vivía una bruja en una cabaña en el bosque. Era conocida por todos por sus poderes mágicos.

La gente del pueblo le tenía miedo. "Ella es peligrosa," decían. Pero cuando necesitaban ayuda, iban a verla.

"Por favor, ayuda a mi hijo," rogaba una madre. La bruja, con una mirada seria, preparaba una poción. "Toma esto," decía.

Pero la Iglesia miraba todo esto con malos ojos. "Esa mujer debe ser detenida," decían los sacerdotes.

El fervor religioso crecía. "No debemos ir con la bruja," decían los vecinos. Y así, la gente dejó de visitarla.

Un día, hombres de la Iglesia llegaron a su cabaña. "Estás arrestada," anunciaron sin piedad.

La bruja, sin resistirse, fue llevada ante los ojos curiosos del pueblo. La encerraron en una celda oscura y fría.

"Sabemos que eres una bruja," decía el inquisidor. "Confiesa tus pecados." Pero la bruja guardaba silencio.

Estaba asustada, sí, pero más que nada, estaba enojada. "No les daré el placer de verme quebrada," pensaba.

La noche antes de su tortura, la bruja murmuraba palabras antiguas. "No dejaré que mi magia caiga en sus manos," juraba en la oscuridad.

Sabía lo que vendría al amanecer. Pero también sabía que no podía permitir que su destino fuera decidido por aquellos que no entendían su poder.

- Antiguas - Ancient
- Arrestada - Arrested
- Bruja - Witch
- Cabaña - Cabin

- Confiesa - Confess
- Detenida - Detained
- Encerraron - They locked up
- Fervor - Fervor
- Inquisidor - Inquisitor
- Juraba - Swore
- Magia - Magic
- Murmuraba - Murmured
- Pecados - Sins
- Poción - Potion
- Quebrada - Broken
- Resistirse - To resist
- Tortura - Torture

El Encarcelamiento

La bruja está en una habitación grande. Mucha gente está mirando. Los líderes del pueblo están en frente.

"¡Eres una bruja! ¡Has hecho magia negra!" grita un líder. La gente del pueblo mira, algunos con miedo, otros con enojo.

La llevan a otro lugar oscuro. Es una sala de tortura. Los torturadores están listos con sus herramientas.

"Confiesa tus crímenes," le dicen. Pero la bruja se queda callada. No quiere hablar.

Empiezan a hacerle daño. Quieren que ella hable. Pero la bruja es fuerte. "No diré nada," piensa.

Ella siente mucho dolor. Pero en su mente, empieza a pensar en un hechizo. Es su única esperanza.

Los hombres no entienden lo que ella murmura. "¿Qué está diciendo?" preguntan confundidos.

Pero la bruja sigue hablando en voz baja. Sabe que este hechizo puede salvarla.

Ella junta toda su energía mágica. Piensa en todos sus conocimientos y poderes.

Con un grito fuerte, termina el hechizo. "¡Ahora!" grita con todas sus fuerzas.

De repente, hay una luz brillante. La bruja desaparece. Los hombres se quedan mirando el espacio vacío.

"¿Dónde está?" grita un torturador. Pero la bruja ya no está allí.

Todos en la sala se miran, sorprendidos y asustados. La bruja ha desaparecido ante los ojos de todos.

- Confundidos - Confused
- Crímenes - Crimes
- Desaparece - Disappears
- Empiezan - They begin
- Enojo - Anger
- Espacio - Space
- Fuerte - Strong
- Grito - Shout, scream
- Hechizo - Spell
- Herramientas - Tools
- Líderes - Leaders
- Magia negra - Black magic
- Poderes - Powers
- Sala de tortura - Torture chamber
- Sorprendidos - Surprised
- Torturadores - Torturers
- Vacío - Empty

Llegada a 1990

La bruja se encuentra de repente en un lugar muy ruidoso y lleno de luces. "¿Dónde estoy?" se pregunta.

Alrededor hay coches y grandes carteles. La gente pasa rápido, vestida de formas que nunca ha visto.

Ella camina, sintiéndose perdida y asustada. "¿Qué es este lugar?" piensa.

La gente la mira raro. "¿Por qué me miran así?" se pregunta, tocando su ropa antigua.

Sin saber adónde ir, camina por las calles llenas de gente y coches.

Todo es nuevo y extraño: los edificios, los colores, los sonidos. Se siente como en otro mundo.

Encontrando un parque, se sienta en un banco. "Necesito pensar," dice para sí.

Mira todo a su alrededor, los niños jugando, la gente caminando. "Esto no es la Edad Media," se da cuenta.

"¿Podría ser... he viajado en el tiempo?" se pregunta, sorprendida por la idea.

Intenta hablar con algunas personas, pero la miran extraño y siguen su camino.

Pero luego, una señora se acerca. "¿Estás perdida?" pregunta la mujer con amabilidad.

La mujer, llamada Carmen, lleva a la bruja a su casa. "Puedes quedarte aquí hasta que encuentres tu camino," dice Carmen.

La bruja mira todo en la casa, los aparatos y las fotos. "¿Qué es todo esto?" pregunta.

Carmen sonríe. "Te enseñaré," dice. Así, la bruja empieza a aprender sobre la vida en 1990.

Con cada día que pasa, la bruja aprende más y decide: "Debo encontrar mi lugar aquí, en este nuevo mundo."

- Aparatos - Devices, appliances
- Asustada - Frightened
- Camino - Way, path
- Carteles - Posters, billboards
- Coches - Cars
- Edad Media - Middle Ages
- Encuentra - Finds, encounters

- Extraño (as in 'miran extraño') - Strange, oddly
- Luces - Lights
- Nuevo mundo - New world
- Parque - Park
- Perdida - Lost
- Raro (as in 'mira raro') - Weird, strange
- Ruidoso - Noisy
- Señora - Lady, Mrs.
- Vestida - Dressed
- Viajado - Traveled

Aprendiendo la Vida Moderna

Carmen, la mujer amable, abre su armario. "Mira, así se visten las mujeres hoy," dice, mostrándole ropa de 1990.

La bruja toca la tela suave y brillante. "Es muy diferente," dice, probándose un vestido.

Luego, Carmen le muestra cómo usar la lavadora y el microondas. "¡Es como magia!" exclama la bruja, asombrada.

Por la noche, ven la televisión juntas. "Estas son imágenes de otros lugares, en tiempo real," explica Carmen.

"Estoy aprendiendo mucho," dice la bruja, viendo cómo la gente vive en esta nueva era.

Cada día, la bruja explora más la ciudad. Ve edificios altos, coches rápidos y tiendas llenas de cosas.

Con la ayuda de Carmen, aprende a hablar más como la gente de ahora. "Hola, ¿cómo estás?" practica frente al espejo.

Un día, encuentra trabajo en una librería. "Tienes un conocimiento único," dice el dueño, impresionado por sus historias.

La gente viene a escucharla hablar de plantas y estrellas. "Es fascinante," le dicen.

En el barrio, hace amigos que la aprecian por su sabiduría y amabilidad. "Gracias por tu ayuda," le dicen.

Aunque no revela su verdadera identidad, se siente feliz de poder ayudar con pequeños "trucos" que parecen consejos comunes.

Paseando por los parques, la bruja se siente agradecida por la paz que nunca tuvo en su tiempo.

Observa los avances tecnológicos y sociales con asombro y aprecio. "Qué mundo tan increíble," piensa.

Aunque a veces siente nostalgia de su tiempo, sabe que esta nueva vida ofrece muchas oportunidades.

"El pasado es parte de mí, pero este es mi nuevo hogar," reflexiona, decidida a hacer lo mejor en este tiempo.

- Amabilidad - Kindness
- Apreciada (from "aprecian") - Appreciated
- Armario - Wardrobe, closet
- Asombrada - Amazed
- Avances - Advances
- Barrio - Neighborhood
- Brillante - Bright, shiny
- Consejos - Advice
- Espejo - Mirror
- Estrellas - Stars
- Fascinante - Fascinating
- Identidad - Identity
- Lavadora - Washing machine
- Librería - Bookstore
- Microondas - Microwave
- Nostalgia - Nostalgia
- Trucos - Tricks

Nuevos Desafíos

La bruja se encuentra con nuevos desafíos en la ciudad grande. "Es todo tan diferente aquí," piensa.

Descubre que la vida moderna puede ser complicada. Aprender a usar dinero y pagar las facturas es algo nuevo para ella.

"Extraño a mis amigos, mi bosque," dice triste. Pero sacude la cabeza. "Debo ser fuerte y seguir adelante," decide.

Se inscribe en clases para aprender más. "Quiero entender este mundo," se dice.

Estudia la historia y cultura de la España moderna. "Hay tanto que no sabía," piensa, sorprendida.

Pero no todo es fácil. Algunas personas no entienden su acento antiguo y la miran raro.

"A pesar de todo, encuentro personas buenas," dice con una sonrisa después de ayudar a una anciana a cruzar la calle.

Empieza a usar su magia sutilmente para ayudar a la gente. Un toque de su dedo y una planta muerta revive.

Las personas del barrio empiezan a notarla. "Eres muy especial," le dicen. Ella solo sonríe.

Mantiene su magia en secreto, pero usa su sabiduría para aconsejar a los demás.

Con el tiempo, se gana el respeto de muchos. "Gracias por tu ayuda," le dicen.

Pero dentro de su corazón, guarda su mayor secreto: su verdadera identidad y de dónde viene.

Cada día se siente más segura. "Puedo hacer esto," se dice mirando la ciudad desde su ventana.

Se ha convertido en un miembro valioso de su nueva comunidad. "He encontrado un nuevo hogar," piensa con gratitud.

- Acento - Accent

- Adelante - Forward
- Anciana - Old woman
- Complicada - Complicated
- Cultura - Culture
- Desafíos - Challenges
- Facturas - Bills
- Gratitud - Gratitude
- Identidad - Identity
- Inscribe - Enrolls
- Magia - Magic
- Respeto - Respect
- Sabiduría - Wisdom
- Segura - Confident, secure
- Sutilmente - Subtly
- Triste - Sad
- Valioso - Valuable

Encontrando un Hogar

Con el pasar de los días, la bruja siente que finalmente pertenece a algún lugar. "Este es mi nuevo hogar," se dice mirando su casa.

Ella compra una pequeña casa con un jardín. "Aquí estaré segura y podré ser yo misma," piensa mientras cruza la puerta.

Con cariño, transforma el jardín en un lugar lleno de plantas y magia. "Este será un lugar de curación," decide.

Gente del barrio empieza a visitarla. "Necesito tu consejo," le dicen. Ella siempre les recibe con una sonrisa.

Les enseña sobre el poder curativo de las plantas. "La naturaleza es sabia," les dice mientras prepara ungüentos y tés.

También da clases sobre los misterios del pasado y el misticismo. "Hay tanto que aprender," les anima.

La gente la respeta como a una maestra y sanadora. "Gracias, nunca había entendido esto," le agradecen sus alumnos.

A pesar de la nostalgia por su tiempo, encuentra felicidad en ayudar. "Me siento útil aquí," piensa contenta.

Crea un círculo de amigos y vecinos, una nueva "familia". "Gracias por estar aquí," les dice durante una reunión en su jardín.

Por primera vez en mucho tiempo, la bruja se siente completamente en paz. "He encontrado mi lugar," se dice a sí misma.

Recuerda su pasado, pero vive plenamente el presente. "Aprendí de mis errores y triunfos," reflexiona.

Decide escribir un libro compartiendo sus experiencias y lecciones. "Mi historia podría ayudar a otros," se dice tecleando en una vieja máquina de escribir.

Se convierte en un enlace entre el mundo antiguo y el moderno. "Puedo enseñar tanto," piensa con una sonrisa.

Encuentra felicidad enseñando y viviendo entre la gente. "Este es mi nuevo hogar," dice mirando alrededor.

Su casa y jardín se vuelven un lugar conocido por la sabiduría y amor. "Este es el comienzo de algo maravilloso," piensa mientras el sol se pone.

- Agradecen - They thank
- Alumnos - Students
- Cariño - Affection, care
- Curativo - Healing
- Enlace - Link, connection
- Familia - Family (in a broader, non-biological sense here)
- Jardín - Garden
- Maestra - Teacher (female)
- Misticismo - Mysticism
- Nostalgia - Nostalgia
- Pertenecer - To belong
- Plantas - Plants
- Recuerda - She/he remembers

- Sanadora - Healer (female)
- Tecleando - Typing
- Ungüentos - Ointments
- Vecinos - Neighbors

Un Nuevo Comienzo

La bruja se sienta tranquilamente en su jardín, pensando en todo lo que ha vivido. "Qué viaje más largo he tenido," murmura para sí.

Se ha adaptado a este nuevo mundo, lleno de cosas que nunca imaginó. "He aprendido tanto aquí," reflexiona.

Su vida ahora está llena de amigos y nuevas experiencias. Cada día trae algo diferente.

La gente del barrio la saluda con cariño. "Eres parte de nuestra comunidad," le dicen agradecidos.

Se ha convertido en un ejemplo de cómo enfrentar y superar los desafíos. "Nunca pensé ser un símbolo para otros," dice, sorprendida.

Ya no se siente una extranjera en esta época. "Este es mi lugar," afirma con una sonrisa.

Su nuevo hogar en Madrid le ha dado calidez y seguridad. "Aquí pertenezco," piensa, contenta.

Su libro sobre su viaje y lecciones aprendidas se publicó. "Espero que mi historia ayude a otros," dice al ver su libro en las manos de una vecina.

Personas de diferentes partes del mundo vienen a conocerla y aprender. "Tu historia es increíble," le dicen.

Ella usa su magia para ayudar a los demás, siempre de manera cuidadosa y discreta. "La magia es para compartir, no para dañar," enseña.

Cada día, se siente más agradecida por su vida y las oportunidades que ha tenido. "Gracias por cada nuevo día," susurra al cielo.

Sabe que su impacto en este mundo será recordado. "He cambiado cosas, para mejor," piensa, orgullosa.

La bruja sonríe al pensar en el futuro. "¿Qué nuevas aventuras me esperan?" se pregunta con curiosidad.

Ha encontrado finalmente la felicidad y la paz en un lugar y tiempo que jamás pensó. "He encontrado mi hogar," concluye, mirando alrededor de su bello jardín.

- Adaptado - Adapted
- Agradecidos - Thankful
- Calidez - Warmth
- Comunidad - Community
- Cuidadosa - Careful (female form)
- Discreta - Discreet (female form)
- Enfrentar - To confront, to face
- Extranjera - Foreigner (female form)
- Increíble - Incredible
- Jardín - Garden
- Magia - Magic
- Oportunidades - Opportunities
- Orgullosa - Proud (female form)
- Pertenezco - I belong
- Publicó - Published
- Símbolo - Symbol
- Tranquilamente - Calmly

El Ciclo Inalterable

El Día Trágico

María se despide de su hijo Juan en la estación de tren. "Cuídate mucho," le dice.

Juan sonríe y sube al tren. "No te preocupes, mamá. Todo estará bien," responde.

El tren parte lleno de alegría y charlas. Juan encuentra un asiento junto a la ventana y mira el paisaje.

De repente, sin previo aviso, una fuerte explosión sacude el tren.

La bomba, escondida por terroristas, detona con furia.

El tren se convierte en un caos, gritos y humo llenan el aire.

Juan y muchas otras personas quedan atrapadas en la tragedia.

María, en casa, espera una llamada de Juan para saber que llegó bien.

Pero en lugar de eso, recibe la terrible noticia de la explosión.

Su corazón se rompe. Las lágrimas no dejan de correr por su rostro.

Decidida a salvar a su hijo, María descubre un antiguo hechizo de viaje en el tiempo.

Después de días de práctica, logra dominar el complicado hechizo.

Regresa al día anterior, decidida a cambiar el destino de Juan.

Intenta convencerlo de no subirse al tren. "Por favor, Juan, quédate," le suplica.

Pero Juan, confundido y un poco molesto, insiste en ir. "Mamá, estoy bien, no te preocupes," dice.

María observa con horror cómo la historia se repite, a pesar de sus esfuerzos.

Juan muere en un nuevo ataque, diferente pero igual de mortal.

María se da cuenta de la dura verdad: cambiar el pasado es más
complicado de lo que pensaba.

* Alegría - Joy
* Atrapadas - Trapped (female plural)
* Bomb - Bomb
* Complicado - Complicated
* Convencerlo - To convince him
* Decidida - Determined (female form)
* Destino - Destiny, fate
* Escondida - Hidden (female form)
* Explosión - Explosion
* Furia - Fury
* Hechizo - Spell
* Molesto - Annoyed, upset
* Paisaje - Landscape
* Práctica - Practice
* Terroristas - Terrorists
* Tragedia - Tragedy
* Viaje en el tiempo - Time travel

El Intento en el Aeropuerto

María, decidida, viaja en el tiempo otra vez. "Esta vez será
diferente," se promete.

Llega al día antes del viaje y convence a Juan para que cambie
sus planes. "Vamos en avión, es más seguro," le insiste.

Juan, sorprendido por el cambio, acepta. "Está bien, mamá, si
eso te hace sentir mejor."

En el aeropuerto, María mira alrededor nerviosa pero
esperanzada. "Todo estará bien," se dice a sí misma.

Pero de repente, el caos estalla. Gritos y confusión llenan el
lugar. Al Gaga ha atacado el aeropuerto.

María busca a Juan desesperadamente entre la multitud. Pero es demasiado tarde.

Las lágrimas llenan los ojos de María al ver a Juan entre las víctimas. "No puede ser," susurra.

María, con el corazón roto, se da cuenta de la cruel realidad. "No es casualidad," piensa amargamente.

Vuelve a su tiempo, reflexionando sobre el destino que parece imposible de cambiar.

Intenta un nuevo plan: mantener a Juan en casa, lejos de cualquier peligro.

Pero incluso en la seguridad de su hogar, el destino alcanza a Juan. Una explosión cercana destruye su edificio.

María encuentra a Juan, una vez más víctima de un cruel destino, a pesar de estar en casa.

Llorando, María se enfrenta a la verdad: escapar de Al Gaga parece imposible.

La dura realidad del destino de Juan pesa sobre ella. "¿Qué puedo hacer?" se pregunta, sintiendo la profundidad de su desesperación.

- Aeropuerto - Airport
- Amargamente - Bitterly
- Casualidad - Coincidence
- Confusión - Confusion
- Desesperación - Desperation
- Destino - Fate, destiny
- Edificio - Building
- Esperanzada - Hopeful (female form)
- Estalla - Bursts, explodes
- Gritos - Shouts, screams
- Multitud - Crowd
- Nerviosa - Nervous (female form)
- Promete - Promises

- Reflexionando - Reflecting
- Seguridad - Security, safety
- Víctimas - Victims
- Viaja - Travels

Cambio de Ciudad

María toma la decisión de viajar en el tiempo de nuevo. "Esta vez será diferente," se dice.

Ella convence a Juan de mudarse a una nueva ciudad. "Será una aventura, hijo," le explica.

Esperanzada, María piensa que este cambio será suficiente para salvar a su hijo.

Encuentran una casita en una ciudad tranquila y alejada del bullicio.

Durante varios días, la vida parece normal y pacífica. "¿Ves? Aquí estaremos seguros," dice María a Juan.

Pero su tranquilidad se rompe cuando Al Gaga lanza un ataque sorpresa en su nueva ciudad.

Juan, sin saberlo, camina por el lugar incorrecto en el momento más inoportuno.

María se entera del atentado y corre a buscar a Juan, temiendo lo peor.

"No puede ser," murmura María al encontrar a Juan entre las víctimas. "No importa a dónde vayamos."

Con el corazón roto, María decide no darse por vencida y viaja en el tiempo una vez más.

Intenta mantener a Juan alejado de los centros y lugares concurridos.

Pero, de alguna manera, el destino se tuerce, llevando a Juan hacia otro final trágico.

María se sienta, derrotada, reflexionando si realmente puede cambiar el destino de su hijo.

Se encuentra atrapada en un ciclo interminable de intentos fallidos. "¿Es esto lo que significa ser madre?" se pregunta con dolor.

- Atentado - Attack, assassination attempt
- Atrapada - Trapped (female form)
- Bullicio - Bustle, noise
- Casita - Little house
- Concurridos - Busy, crowded
- Decisión - Decision
- Derrotada - Defeated (female form)
- Destino - Destiny, fate
- Encuentran - They find
- Inoportuno - Inopportune, untimely
- Intentos - Attempts
- Lanza - Launches, throws (in this context, initiates an attack)
- Mudarse - To move (change residence)
- Pacífica - Peaceful (female form)
- Suficiente - Enough, sufficient
- Tranquilidad - Tranquility, calm
- Viajar - To travel

Una Vida en Aislamiento

María toma una decisión difícil. "Juan, nos vamos a un lugar seguro, lejos de todo," le dice con firmeza.

Llevan lo necesario y se mudan a una cabaña en medio del bosque. "Aquí estaremos bien," intenta convencerse María.

La vida es sencilla y pacífica, rodeados de naturaleza. María observa a Juan, buscando señales de paz.

Pero Juan no parece feliz. "Mamá, ¿por qué tenemos que estar aquí solos?" pregunta con tristeza.

María intenta explicar, pero las palabras se le atoran. "Es por nuestro bien," responde evasivamente.

Juan siente la falta de sus amigos y de su vida normal. "No puedo quedarme aquí para siempre," murmura para sí.

Un día, sin decirle a María, Juan escapa de vuelta a la ciudad. "Necesito volver a mi vida," decide determinado.

Pero al llegar, un inesperado atentado de Al Gaga golpea la ciudad. Juan, una vez más, se encuentra en peligro.

María, al darse cuenta de la desaparición de Juan, se llena de pánico. "Debí haberlo visto venir," se reprocha.

Desesperada, regresa en el tiempo otra vez, negándose a aceptar la realidad de su destino.

Prueba diferentes formas de proteger a Juan, alejándolo de lugares públicos y eventos grandes.

Pero, sin importar lo que haga, el destino parece inmutable. Cada estrategia falla, llevando a la misma trágica conclusión.

María empieza a dudar de sus acciones. "¿Estoy alejándome de mi hijo en mi intento de salvarlo?" se pregunta.

Finalmente, comprende que la sobreprotección no solo no salva a Juan, sino que también les impide vivir realmente. "Tengo que encontrar otro camino," se dice, pero con una pesadez en el corazón por las decisiones difíciles que tiene que tomar.

- Aislamiento - Isolation
- Atoran - They get stuck
- Cabaña - Cabin
- Determinado - Determined
- Desaparición - Disappearance
- Desesperada - Desperate (female form)
- Evasivamente - Evasively
- Firmeza - Firmness
- Inmutable - Unchangeable, immutable

- Naturaleza - Nature
- Necesario - Necessary
- Pánico - Panic
- Pesadez - Heaviness
- Proteger - To protect
- Reprocha - She reproaches, blames
- Sencilla - Simple (female form)
- Sobreprotección - Overprotection

La Negación de la Realidad

María, con los ojos llenos de lágrimas, no quiere creer que no puede salvar a Juan. "Tiene que haber una manera," murmura mientras prepara otro viaje en el tiempo.

Esta vez, trata de cambiar la historia alertando a las autoridades sobre los planes de Al Gaga. "Por favor, tienen que creerme," les suplica.

Pero cada advertencia parece solo cambiar el lugar y la forma del ataque. María ve con horror cómo el destino se tuerce contra sus intentos.

"¿Por qué no puedo cambiar nada?" se lamenta después de otro fallido intento de salvar a Juan.

Una y otra vez, intenta diferentes maneras de salvar a su hijo, pero cada vez, la tragedia se repite de una forma u otra.

María se enfrenta a la dura realidad: no puede controlar el destino. "¿Por qué?" grita al cielo, buscando respuestas.

En su corazón, comienza a entender que la muerte y la pérdida son partes inevitables de la vida humana.

Decide pasar un último día con Juan, tratando de memorizar cada momento, cada risa, cada detalle de su rostro.

Pero la tragedia la golpea una vez más, y Juan muere de una manera inesperada. María se siente desgarrada.

A través de su dolor, María empieza a comprender que no todas las realidades pueden ser cambiadas, que hay líneas en el tiempo que son fijas.

Empieza a cuestionar el sentido de sus viajes en el tiempo y las consecuencias de tratar de alterar el destino.

María se enfrenta a la aceptación de que hay ciclos en la vida que son inevitables, como el día sigue a la noche.

Se da cuenta de que, aunque el amor de una madre es poderoso, no puede cambiar el destino de Juan.

Finalmente, María decide que debe encontrar una forma de vivir con los recuerdos de Juan, honrando su vida en lugar de tratar de cambiar su muerte.

- Advertencia - Warning
- Alterar - To alter
- Autoridades - Authorities
- Cambiar - To change
- Consecuencias - Consequences
- Controlar - To control
- Desgarrada - Torn apart, heartbroken
- Destino - Destiny, fate
- Inevitables - Inevitable
- Lamenta - She laments
- Memorizar - To memorize
- Pérdida - Loss
- Realidad - Reality
- Repitiendo (from "repite") - Repeating
- Suplica - She pleads
- Tragedia - Tragedy
- Viaje en el tiempo - Time travel

Aceptar el Destino

María mira a Juan y toma una profunda respiración. "Hijo, es importante disfrutar cada momento," le dice sin mencionar el futuro.

Juan sonríe, sin entender completamente, pero feliz de ver a su madre tan enfocada en el presente. "Claro, mamá," responde con cariño.

Pasan el día juntos, riendo y compartiendo historias, olvidándose por un momento de todo lo demás.

Al final del día, María abraza a Juan fuertemente. "Te quiero mucho," susurra, sabiendo que es un adiós.

Vuelve a su propio tiempo, a su casa vacía, y siente el peso de la realidad. Pero también siente una sensación de paz.

Se sienta sola, recordando los momentos felices con Juan, comprendiendo que esos recuerdos son tesoros que debe cuidar.

Decide que la mejor manera de honrar a Juan es viviendo una vida plena y significativa.

Empieza a dedicar tiempo a ayudar en la comunidad, usando su dolor como fuerza para ayudar a otros.

María se da cuenta de que, aunque no pudo controlar el destino de Juan, ella tiene control sobre sus propias acciones.

Aprende a dejar ir, a aceptar que hay cosas en la vida que simplemente no puede cambiar.

Los recuerdos de Juan se convierten en una fuente de consuelo, recordándole el amor que compartieron.

El dolor por la pérdida de Juan sigue ahí, pero María elige no dejar que ese dolor controle su vida.

Se convierte en una versión más fuerte y sabia de sí misma, transformando su dolor en esperanza y acción.

María acepta que, aunque no puede volver atrás y cambiar el pasado, sí puede hacer una diferencia en el presente y en el futuro.

- Abraza - She hugs
- Acepta - She accepts
- Adiós - Goodbye
- Cariño - Affection, tenderness
- Comunidad - Community
- Consuelo - Comfort
- Controlar - To control
- Destino - Destiny, fate
- Enfocada - Focused (female form)
- Honrar - To honor
- Momentos - Moments
- Paz - Peace
- Presente - Present (time)
- Realidad - Reality
- Recuerdos - Memories
- Tesoro - Treasure
- Transformando - Transforming

El Ciclo Continúa

María se para frente a un grupo de personas en el centro comunitario. "Ya no trato de cambiar el pasado," les dice, "ahora quiero mejorar nuestro futuro."

Se involucra activamente en programas para promover la paz y el entendimiento en su comunidad. "Cada pequeño gesto cuenta," explica a los voluntarios.

Su valiente historia de amor y pérdida se esparce, tocando los corazones de muchos. "El amor es más fuerte que el odio," repite María.

Ella crea un espacio donde personas afligidas pueden compartir y sanar. "Aquí no estás solo," les asegura.

A pesar de que su corazón aún guarda cicatrices, María encuentra alivio en la sonrisa de aquellos a quienes ayuda.

"La vida sigue, y nosotros también debemos hacerlo," dice María mientras planta árboles en memoria de las víctimas de la violencia.

Alza la voz en eventos públicos, abogando por la paz y la no violencia. "Cada voz cuenta," afirma con convicción.

En su hogar, mantiene una foto de Juan, recordándose a sí misma vivir de una manera que él estaría orgulloso.

María se da cuenta de que enfrentar el odio con amor es la manera más poderosa de combatirlo. "El amor cura," les dice a los jóvenes del barrio.

Reflexionando sobre sus experiencias, María entiende que los desafíos que enfrentó le dieron una nueva perspectiva sobre la vida.

"Podemos cambiar nuestro presente," les enseña a otros, compartiendo las lecciones aprendidas de sus viajes en el tiempo.

Mirando hacia adelante, María se llena de una renovada sensación de propósito y esperanza para el futuro.

"El destino puede estar escrito, pero nosotros escribimos nuestra propia historia día a día," reflexiona ante un grupo de estudiantes.

Finalmente, María acepta que, aunque no pudo cambiar el destino de Juan, tiene la fuerza para influir en el futuro de muchos. "Voy a hacer del mundo un lugar mejor, por Juan y por todos nosotros," promete con determinación.

- Abogando - Advocating
- Afligidas - Afflicted, distressed (female plural)
- Cicatrices - Scars
- Convicción - Conviction
- Desafíos - Challenges
- Esparce - Spreads
- Gesto - Gesture
- Involucra - Gets involved

- Memoria - Memory
- Paz - Peace
- Perspectiva - Perspective
- Propósito - Purpose
- Renovada - Renewed (female form)
- Sanar - To heal
- Valiente - Brave
- Violencia - Violence
- Voluntarios - Volunteers

Encuentro con la Realidad

María se sienta sola en su habitación, mirando una foto de Juan. "Tengo que aceptarlo," se dice a sí misma, "no puedo cambiar lo que pasó."

Se levanta, decidida. "Es hora de mirar hacia adelante, no solo por mí, sino por los demás," piensa.

Con energía renovada, María decide honrar la memoria de Juan ayudando a otros. "Voy a hacer que tu vida siga contando," murmura al retrato de su hijo.

Empieza a organizar eventos en memoria de las víctimas del terrorismo. "Quiero que sus nombres sean recordados, que sus vidas sean una inspiración," dice durante una reunión de planificación.

Habla en escuelas y eventos comunitarios sobre la importancia de la paz y cómo el perdón puede cambiar el mundo. "El odio solo genera más odio," explica a una audiencia atenta.

María encuentra una profunda paz en su nuevo activismo. "Esto es lo que debo hacer," se convence, sintiendo que está en el camino correcto.

"Juan no pudo ser salvado, pero quizás puedo ayudar a salvar a otros," se dice, viendo la diferencia que sus palabras y acciones hacen en su comunidad.

"Acepto que no puedo cambiar el pasado, pero sí puedo influir en el futuro," reflexiona María, sintiéndose más fuerte con cada día que pasa.

Decide que su misión es prevenir que otras familias sufran lo que ella sufrió. "Esta será mi forma de mantenerte vivo, Juan," promete.

Se involucra aún más en la comunidad, convirtiéndose en una figura clave en la lucha contra la violencia.

"Sé que estás conmigo en cada paso que doy," murmura María, sintiendo la presencia de Juan en sus acciones.

Con cada evento, cada charla, María siente que el legado de Juan crece. "Tu vida sigue marcando la diferencia," dice con lágrimas de orgullo.

Finalmente, María mira hacia el futuro con esperanza, sabiendo que, aunque el viaje ha sido doloroso, ha encontrado un propósito y una forma de hacer que el amor de Juan perdure.

"A través del amor y la memoria, ambos seguimos vivos," concluye María, decidida a seguir adelante, llevando consigo el espíritu de Juan y su mensaje de paz.

- Activismo - Activism
- Audiencia - Audience
- Charla - Talk, lecture
- Convirtiéndose - Becoming
- Doloroso - Painful
- Energía - Energy
- Fuerte - Strong
- Genera - Generates
- Honrar - To honor
- Influir - To influence
- Legado - Legacy
- Memoria - Memory
- Perdón - Forgiveness

- Prevenir - To prevent
- Propósito - Purpose
- Terrorismo - Terrorism
- Victimas - Victims

A través del Tiempo y el Espacio

El Viaje Inesperado

Los astronautas españoles están en su nave, mirando las estrellas. "Estamos lejos de casa," dice uno.

Están explorando el espacio, cerca del sistema solar. "Es hermoso aquí," dice María, la capitana.

De repente, todo cambia. La nave se mueve rápidamente. "¿Qué es eso?" grita Luis, el piloto.

La nave es tragada por un agujero de gusano. "¡Ayuda!" gritan todos. Están muy asustados.

La nave se detiene. Están en un lugar desconocido. "¿Dónde estamos?" pregunta José, el ingeniero.

Deciden regresar a la Tierra. "Vamos a casa," dice María. Todos están de acuerdo.

Intentan hablar con España por radio. "¿Hola? ¿Nos escuchan?" Pero no hay respuesta.

La nave entra en la Tierra. Pero hay un problema. "El sistema no funciona," dice Luis.

Aterrizan, pero no en España. Están en un valle grande y verde. "Esto no es España," dice María.

Salen de la nave. Ven campos, ríos y gente extraña. "¿Dónde estamos?" pregunta Ana, la científica.

La gente se acerca. Llevan ropas diferentes. "Parecen de otro tiempo," dice José.

Los astronautas entienden. Están en Mesopotamia, pero hace muchos años. "Es como un sueño," dice Luis.

Se miran unos a otros. "Tenemos que encontrar cómo volver," dice María. Todos asienten.

Los astronautas saben que es un gran desafío. Pero están juntos. "Vamos a trabajar juntos," dice María. "Podemos hacerlo."

- Agujero de gusano - Wormhole
- Asienten - They nod
- Astronautas - Astronauts
- Aterrizan - They land
- Capitana - Captain (female)
- Desafío - Challenge
- Espacio - Space
- Ingeniero - Engineer
- Mesopotamia - Mesopotamia
- Nave - Ship, spacecraft
- Piloto - Pilot
- Regresar - To return
- Ropas - Clothes
- Sistema solar - Solar system
- Tragada - Swallowed (feminine form, referring to the ship)
- Valle - Valley
- Viaje Inesperado - Unexpected Journey

Encuentro con los Sumerios

Los sumerios miran la nave y a los astronautas con mucha curiosidad. Se acercan despacio.

María y su equipo intentan comunicarse con gestos. Dibujan en la tierra para explicarse.

Los sumerios examinan las herramientas y la ropa de los españoles. Parecen sorprendidos y les tratan con mucho respeto.

"Creo que piensan que somos dioses," susurra Luis a los demás.

Los astronautas deciden usar esto a su favor para conseguir ayuda. "Necesitamos su apoyo," dice María.

Con dibujos, muestran a los sumerios qué materiales necesitan. "¿Pueden ayudarnos?" preguntan.

Los sumerios asienten, felices de ayudar a sus "dioses". Comienzan a reunir los metales.

José enseña a los sumerios cómo fundir y trabajar los metales. Todos colaboran en el esfuerzo.

Con la ayuda de los astronautas, los sumerios progresan rápidamente. Crean nuevas herramientas y mejoran su agricultura.

Los españoles también aprenden de los sumerios, adaptándose a sus costumbres y estilo de vida.

A pesar de los avances, los astronautas siempre están pensando en cómo reparar la nave.

La amistad entre los sumerios y los astronautas se fortalece cada día.

Sin embargo, los astronautas saben que deben regresar a su propio tiempo. "No pertenecemos aquí," reflexiona María.

- Agricultura - Agriculture
- Asienten - They nod
- Astronautas - Astronauts
- Comunicarse - To communicate
- Costumbres - Customs
- Dibujan - They draw
- Examinan - They examine
- Fundir - To melt
- Gestos - Gestures
- Metales - Metals
- Muestran - They show
- Nave - Ship, spacecraft
- Pertenecemos - We belong
- Reparar - To repair
- Respeto - Respect
- Sumerios - Sumerians
- Trabajan - They work

La Búsqueda de Materiales

Los astronautas y los sumerios recorren juntos el desierto. "Buscamos cobre y estaño," explica María.

Encuentran tierras ricas en metales. "¡Mira! Aquí hay cobre," dice José, señalando al suelo.

Empiezan a extraer los metales con herramientas modernas. Los sumerios aprenden rápido. "Es increíble," dice un sumerio, asombrado.

Los sumerios están encantados con las nuevas técnicas y trabajan más eficientemente que antes.

María propone un intercambio: conocimiento a cambio de recursos. Los sumerios aceptan con entusiasmo.

Los astronautas aprenden sobre la vida en Sumeria y registran todo lo que ven y aprenden.

Introducen a los sumerios conceptos matemáticos y astronómicos. "Esto es útil," comentan los sumerios, aprendiendo.

Con estas nuevas ideas, los sumerios comienzan a cambiar su estilo de vida.

Cerca de la nave, los astronautas construyen un taller. "Aquí repararemos la nave," declara Luis.

Los sumerios aportan metales y asisten en el taller. "Gracias," expresan los astronautas.

Los españoles mantienen un diario de su aventura en Sumeria, deseando recordar cada detalle.

Ambos pueblos colaboran y forjan una amistad. "Es bueno trabajar juntos," afirma un sumerio.

Sin embargo, los astronautas se mantienen cautos para no alterar excesivamente la historia. "Tenemos que ser cuidadosos," advierte María.

La nave muestra mejorías, pero aún necesita más reparaciones. "Todavía hay mucho por hacer," observa José al contemplar la nave.

- Asombrado - Amazed
- Astronómicos - Astronomical
- Cautelosos (from "cautos") - Cautious
- Colaboran - They collaborate
- Conceptos - Concepts
- Desierto - Desert
- Eficientemente - Efficiently
- Encantados - Delighted
- Extraer - To extract
- Intercambio - Exchange
- Matemáticos - Mathematical
- Mejorías - Improvements
- Metales - Metals
- Recorren - They travel around
- Registran - They record
- Reparaciones - Repairs
- Taller - Workshop

Desafíos y Descubrimientos

Mientras trabajan en la nave, los astronautas encuentran problemas difíciles. "Este sistema no responde," dice Luis, frustrado.

Los sumerios miran curiosos. "¿Cómo podemos ayudar?" preguntan, deseosos de aprender.

Ana, la ingeniera, enseña a los sumerios a construir canales de agua. "Así se hace," explica.

Gracias a estos nuevos sistemas, las cosechas de los sumerios mejoran significativamente. "Estamos muy agradecidos," dicen.

Pero surge un problema. "Necesitamos un material especial," dice María, preocupada.

Los astronautas y sumerios se preparan para una larga búsqueda. "Vamos juntos," dice un líder sumerio.

En su viaje, descubren otra civilización. "Podemos comerciar con ellos," sugiere José.

Este nuevo contacto ayuda mucho. Los sumerios comienzan a comerciar y obtienen más recursos.

Sin embargo, surgen dudas entre los astronautas. "¿Estamos cambiando demasiado aquí?" pregunta Luis.

La nave se va reparando poco a poco. "Pero todavía falta," dice Ana, examinando los planes.

Los astronautas comienzan a vivir como sumerios, trabajando y comiendo juntos. "Me siento parte de este lugar," confiesa Luis.

Algunos astronautas, como Pedro, consideran quedarse. "Quizás nuestra misión es aquí," reflexiona.

María se impresiona con el conocimiento de las estrellas que tienen los sumerios. "Ellos saben mucho del cielo," observa sorprendida.

La unión entre sumerios y astronautas crea una rica mezcla de culturas. "Estamos aprendiendo unos de otros," dice María, contenta.

- Agradecidos - Grateful
- Canales - Channels
- Civilización - Civilization
- Comerciar - To trade
- Cosechas - Crops
- Descubren - They discover
- Dudas - Doubts
- Enseña - She teaches
- Frustrado - Frustrated
- Impresiona - Impresses
- Ingeniera - Engineer (female)
- Materiales - Materials
- Mezcla - Mixture, blend
- Problemas - Problems

- Recursos - Resources
- Responde - Responds
- Sumerios - Sumerians

Crecimiento y Conocimiento

La ciudad sumeria ahora es diferente, llena de nuevas construcciones. "Han aprendido rápido," dice María, observando los alrededores.

Las calles están llenas de nuevas invenciones. Los sumerios trabajan en edificios más altos y sólidos. "Usan bien nuestras enseñanzas," comenta Luis.

Los astronautas también aprenden de los sumerios, aplicando sus técnicas en la construcción de la nave. "Es un intercambio justo," afirma Ana.

Las escuelas se llenan de niños y adultos, todos deseosos de aprender. "La educación es la llave del futuro," les explica Pedro a los sumerios.

Los astronautas hablan poco del futuro, pero comparten amplios conocimientos de ciencia. "No queremos cambiar demasiado," susurra José a María.

Juntos, sumerios y astronautas construyen un gran observatorio. "Ahora podemos ver más estrellas," declara un sumerio, entusiasmado.

La amistad entre los dos pueblos se fortalece. "Somos como una gran familia," le dice un niño sumerio a María.

Los niños sumerios y españoles juegan y aprenden juntos. "El futuro es de ellos," comenta María, sonriendo.

Finalmente, los astronautas encuentran el último material que necesitaban. "¡Ahora podemos terminar la nave!" exclama Luis, emocionado.

Todos colaboran en la nave, colocando las últimas piezas. "Estamos casi listos," indica Ana, mientras se limpia el sudor.

Algunos sumerios comienzan a ver a los astronautas no como dioses, sino como amigos. "Eres como nosotros," le dice un sumerio a José.

Surge una nueva filosofía, mezclando ideas de ambos mundos. "Es una nueva era," reflexiona un maestro sumerio.

María se convierte en un símbolo de unión. "Nos has enseñado mucho," le agradecen los ciudadanos.

Los astronautas y sumerios celebran juntos, disfrutando de la paz y el progreso. "Hemos hecho algo maravilloso juntos," concluye María, contemplando el entorno.

- Alrededores - Surroundings
- Amistad - Friendship
- Aplicando - Applying
- Celebran - They celebrate
- Ciudadanos - Citizens
- Construcciones - Constructions
- Educación - Education
- Enseñanzas - Teachings
- Entusiasmado - Excited (male form)
- Escuelas - Schools
- Filosofía - Philosophy
- Innovaciones (from "nuevas invenciones") - Innovations
- Interambio - Exchange
- Maestro - Teacher
- Observatorio - Observatory
- Progreso - Progress
- Sumeria - Sumerian (as an adjective)

La Preparación para el Regreso

Los astronautas miran su nave, casi lista para despegar. "Es hora de volver a casa," dice María con un suspiro.

Los sumerios organizan una gran fiesta de despedida. "Queremos decir adiós de la mejor manera," explica un líder sumerio a los astronautas.

Durante la fiesta, los astronautas y los sumerios comparten momentos felices, entre lágrimas y risas.

María entrega a los sumerios libros y herramientas. "Sigan aprendiendo y construyendo," les anima.

Los sumerios abrazan a los astronautas, prometiendo: "Nunca olvidaremos lo que nos han enseñado."

Los astronautas revisan todos los sistemas de la nave. "Todo debe estar perfecto para el viaje," insiste Luis.

Reflexionan sobre cómo este viaje los ha transformado. "Somos diferentes gracias a ellos," medita Ana.

Consideran todas las lecciones aprendidas. "Llevaremos estas enseñanzas de vuelta a casa," declara Pedro.

La última noche, observan las estrellas juntos. "Son hermosas, ¿verdad?" comenta un sumerio a José.

Dejan una placa en Mesopotamia con un mensaje de amistad y agradecimiento. "Para que siempre nos recuerden," afirma María.

Al amanecer, toda la aldea se reúne para despedirse de los astronautas. "Buen viaje," gritan los sumerios.

Con lágrimas en los ojos, los astronautas responden a las despedidas. "Gracias por todo," expresa María emocionada.

Suben a la nave, lanzando una última mirada a su hogar temporal. "Adiós, amigos," se despide Luis.

Inician el despegue, con el sonido poderoso de la nave llenando el ambiente. La vista de Mesopotamia se reduce bajo ellos. "Hasta siempre," murmuran, ascendiendo hacia el cielo.

- Agradecidos - Grateful
- Amanecer - Dawn
- Despedida - Farewell

- Despegar - To take off
- Enseñanzas - Teachings
- Lágrimas - Tears
- Mesopotamia - Mesopotamia
- Nave - Ship
- Placa - Plaque
- Prometiendo - Promising
- Reflexionan - They reflect
- Risas - Laughs
- Sistemas - Systems
- Sumerios - Sumerians
- Transformados - Transformed
- Viaje - Journey
- Volver - To return

El Regreso

La nave espacial asciende alto en el cielo, alejándose de Mesopotamia. "Adiós, historia antigua," dice Luis, contemplando la vista.

Todos en la nave observan la Tierra desde el espacio. "Es hermoso, ¿verdad?" comenta Ana, con una mezcla de alegría y melancolía.

María reflexiona en silencio sobre su experiencia. "Hemos aprendido tanto," piensa.

"¿Cómo relataremos todo esto?" pregunta José. "La gente debe saberlo, pero debemos ser cautelosos," responde María.

Finalmente, la nave entra en la atmósfera terrestre. "Estamos regresando a nuestra realidad," anuncia Luis, preparándose para el aterrizaje.

Sorprenden a todos al aterrizar en una base espacial moderna. "¿Quiénes son ustedes?" inquiere un técnico sorprendido.

A pesar de ser recibidos como héroes, saben que su verdadera hazaña fue en el pasado, con los sumerios.

Narran su increíble viaje a científicos y políticos. "Debemos aprender de la historia," enfatiza María.

Se comprometen a promover la importancia de preservar las culturas antiguas. "Es nuestro deber proteger el pasado," declaran.

María lidera la creación de un programa educativo innovador. "Combinaremos lo antiguo con lo nuevo," detalla.

Los astronautas permanecen unidos, atesorando siempre su experiencia singular. "Somos como una familia ahora," menciona Ana.

Aunque han regresado a su tiempo, se sienten transformados. "Nosotros hemos cambiado," reflexiona Pedro.

Contemplan las estrellas, rememorando su odisea. "Nuestra misión continúa," concluye María, "siempre habrá más que aprender y descubrir."

- Alejándose - Moving away
- Atmosfera - Atmosphere
- Aterrizar - To land
- Cautelosos - Cautious
- Contemplan - They contemplate
- Hazaña - Feat
- Innovador - Innovative
- Melancolía - Melancholy
- Narran - They narrate
- Odisea - Odyssey
- Preservar - To preserve
- Realidad - Reality
- Reflexiona - Reflects
- Relataremos - We will tell
- Singular - Unique
- Tesorando - Cherishing
- Transformados - Transformed

Los Viajes Ocultos de Alfonso

Sueños que no son Sueños

Alfonso no puede dormir bien. Todas las noches tiene sueños muy raros. "¿Por qué me pasa esto?" se pregunta antes de dormir.

Una noche, en su sueño, Alfonso está en un lugar muy diferente. Se encuentra en un mercado, pero todo parece muy antiguo. "¿Dónde estoy?" se pregunta.

De repente, un hombre malintencionado se acerca a él y le roba su bolsa. Alfonso intenta detenerlo, pero el hombre lo ataca. Le duele mucho el brazo.

Alfonso despierta muy asustado. "¡Fue solo un sueño!" Pero cuando mira su brazo, ve una herida. "¡No puede ser!" exclama asombrado.

Toca su brazo y siente dolor. "Esto es real", piensa. "Pero, ¿cómo es posible?"

Alfonso está muy asustado. No entiende qué está pasando. "¿Será que viajo en el tiempo cuando duermo?" se pregunta.

Intenta hablar con sus amigos sobre sus sueños, pero ellos no le dan importancia. "Es solo un sueño, Alfonso", le dicen. "No es real."

Sin embargo, Alfonso sabe que no son solo sueños. "Tengo que entender qué me está pasando", se dice a sí mismo.

Decide investigar sobre los sueños y los viajes en el tiempo. Va a la biblioteca y busca libros al respecto.

Lee mucho y reflexiona. "Quizás en realidad estoy viajando en el tiempo", piensa.

Pero aún así, siente miedo. "¿Qué me pasará esta noche?" se pregunta antes de irse a dormir.

Esa noche, trata de mantenerse despierto. Pero el cansancio lo vence y se queda dormido.

En su sueño, esta vez se encuentra en una ciudad muy grande.
"¿Será este el futuro?" se pregunta.

Sin embargo, algo bueno sucede esta vez. Ayuda a una señora
que está en apuros.

Cuando despierta, se siente un poco mejor. "Tal vez pueda hacer
cosas buenas durante mis viajes", piensa.

Pero aún teme lo desconocido. "¿Qué me espera la próxima
vez?" se pregunta con temor y curiosidad.

- Asombrado - Amazed
- Biblioteca - Library
- Cansancio - Fatigue
- Curiosidad - Curiosity
- Desconocido - Unknown
- Herida - Wound
- Importancia - Importance
- Malintencionado - Malicious
- Mercado - Market
- Pasando - Happening
- Raros - Weird
- Reflexiona - Reflects
- Sueños - Dreams
- Temor - Fear
- Tiempo - Time
- Viajes - Journeys

La Verdad Revelada

Alfonso está en su habitación rodeado de numerosos libros.
"Tengo que entender esto", dice mientras mira la computadora.

Lee historias de personas que afirman haber viajado en el
tiempo. "No estoy solo", piensa.

Antes de dormir, decide que tiene que estar preparado para lo
que venga. "Debo ser fuerte", se dice a sí mismo.

Esa noche, con miedo pero decidido, se duerme lentamente.

Se encuentra en un castillo grande y oscuro. "Debo tener cuidado aquí", piensa.

Pero muy pronto, unos guardias lo descubren y lo capturan. "¿Quién eres?" le preguntan con voz fuerte.

Lo llevan a una mazmorra y lo encierran. "¡Soy un viajero en el tiempo!" intenta explicar, pero los guardias se ríen de él.

Alfonso está solo y asustado, sentado en el suelo frío de la mazmorra.

Después de lo que parece una eternidad, despierta en su habitación. Está cubierto de sudor y respira con dificultad.

Mira sus muñecas y observa marcas. "Esto fue real", afirma mientras toca las marcas.

Ahora comprende que sus viajes en el tiempo no son meros sueños. "¿Qué me está pasando?" se pregunta.

Reflexiona sobre cómo puede controlar sus viajes. "Debo aprender más", decide.

Alfonso sabe que debe ser más cauteloso. "Tengo que prepararme mejor para estos viajes", se dice.

Se promete a sí mismo que encontrará una manera de controlar sus viajes en el tiempo. "Voy a resolver esto", afirma con determinación.

- Afirmar - To affirm
- Asustado - Frightened
- Cauteloso - Cautious
- Controlar - To control
- Decidido - Determined
- Descubrir - To discover
- Dificultad - Difficulty
- Encerrar - To lock up
- Eternidad - Eternity

- Guardias - Guards
- Mazmorra - Dungeon
- Meramente - Merely
- Muñecas - Wrists
- Preparado - Prepared
- Reflexionar - To reflect
- Resolver - To resolve
- Sudor - Sweat

El Control Perdido

Alfonso busca en muchos libros y en Internet. "Tengo que entender esto", piensa.

Lee sobre personas que dicen viajar en el tiempo. "No estoy solo", murmura en voz baja.

Antes de dormir, intenta relajarse. Respira profundamente y piensa en lugares tranquilos.

"Esa noche, quiero ir a la antigua Roma", decide, cerrando los ojos.

Pero no funciona. Termina en la época de los vikingos, en medio de un combate.

Un vikingo le ataca y Alfonso recibe un golpe en la pierna. "¡Ay!" grita, cayendo al suelo.

Trata de correr, pero hay demasiadas personas peleando. "¿Dónde estoy?" se pregunta asustado.

Después de mucho esfuerzo, encuentra un lugar para esconderse. Se queda allí, temblando.

Cuando despierta, está en su cama. Pero su pierna duele mucho. "No puede ser", dice al ver la herida.

Alfonso se siente perdido. "No puedo elegir a dónde voy", se da cuenta con temor.

Cada noche es una pesadilla. "¿Qué pasará esta noche?" se pregunta con ansiedad.

Decide hablar con un doctor. "Tengo un problema", le dice. Pero le resulta difícil explicar.

El doctor escucha, pero parece no entender. "Tal vez estás soñando", le sugiere. "No es real."

Alfonso se siente muy solo. "Nadie me comprende", piensa. Se siente atrapado en sus viajes.

La situación de Alfonso es complicada. Quiere detener los viajes, pero no sabe cómo. "¿Qué hago?" se pregunta antes de dormir de nuevo.

* Ansiedad - Anxiety
* Atrapado - Trapped
* Combate - Combat
* Comprende - Understands
* Esconderse - To hide
* Esfuerzo - Effort
* Golpe - Blow, Hit
* Herida - Wound
* Murmura - Murmurs
* Pasará - Will happen
* Peleando - Fighting
* Perdido - Lost
* Pesadilla - Nightmare
* Problema - Problem
* Relajarse - To relax
* Temblando - Trembling
* Vikingos - Vikings

En Busca de Respuestas

Alfonso está muy confundido. "¿Qué me pasa?" se pregunta todos los días.

Lee muchos libros y busca información sobre viajes en el tiempo en Internet.

Escribe correos a personas que saben mucho de ciencia. "Ayúdenme", solicita. Pero no recibe muchas respuestas.

Un día, visita una biblioteca muy antigua. Explora libros viejos y raros.

Encuentra un libro antiquísimo que habla sobre rituales antiguos y cómo viajar con la mente.

"Voy a probar esto", se decide Alfonso, deseando controlar sus viajes en el tiempo.

Esa noche, realiza un ritual antes de dormir. "Quiero quedarme aquí", manifiesta.

Pero cuando se duerme, no funciona. Aparece en la Revolución Francesa, rodeado de mucho ruido y miedo.

En el sueño, Alfonso recibe un disparo en el hombro. "¡Ay!" grita desde su cama.

Despierta de inmediato. Toca su hombro y siente un intenso dolor. Hay una herida real.

Alfonso se siente muy triste y confundido. "No quiero más", expresa. Pero no sabe cómo detenerlo.

Comienza a anotar todo sobre sus viajes: ¿Cuándo viaja? ¿A dónde va? Busca patrones comunes.

Nota que sus emociones afectan los viajes. "Cuando estoy triste, viajo a lugares tristes", reflexiona.

Finalmente, decide que debe ser fuerte. "Tengo que aprender a vivir con esto", se dice Alfonso. "Seré valiente en mis viajes."

- Afectan - Affect
- Antiguo - Ancient
- Anotar - To note
- Confundido - Confused
- Decide - Decides
- Disparo - Shot
- Emociones - Emotions

- Herida - Wound
- Manifiesta - Expresses
- Patrones - Patterns
- Probar - To try
- Realiza - Performs
- Rituales - Rituals
- Ruido - Noise
- Solicita - Requests
- Triste - Sad
- Valiente - Brave

Encuentros Inesperados

Cada noche, antes de dormir, Alfonso se prepara. "Tengo que estar listo", piensa.

Estudia libros de supervivencia y practica técnicas de lucha. "Quiero protegerme", afirma.

Una noche, aparece en Egipto. Ocurre un gran deslizamiento de tierra y ayuda a la gente.

Los trabajadores egipcios le agradecen. "Eres muy valiente", le dicen.

Alfonso aprende de ellos técnicas de construcción. "Esto es útil", piensa contento.

Regresa a casa con nuevas ideas. Anota todo lo que aprendió en Egipto.

Otra noche, visita Japón. Un samurái le enseña a manejar una espada. "Gracias", expresa Alfonso.

Cada viaje le aporta algo nuevo. "Estoy aprendiendo mucho", reflexiona.

Pero también es consciente de los riesgos. "Es peligroso", se dice a sí mismo.

Alfonso reflexiona profundamente. "¿Debo seguir haciendo esto?" se pregunta.

En Inglaterra, ayuda a detener a un ladrón. Un detective le agradece. "Eres un héroe", le dice.

Alfonso siente que está contribuyendo positivamente. "Puedo ayudar a la gente", piensa.

Pero luego, durante una guerra, resulta herido. "Es muy difícil", admite con dolor.

En su habitación, Alfonso examina sus heridas. "Cada viaje podría ser el último", se da cuenta.

Se siente confundido. Quiere ayudar, pero también desea mantenerse seguro.

"¿Qué debo hacer?" se pregunta. "¿Es correcto continuar viajando?"

A pesar de las dudas, siente que ha realizado acciones significativas. "He ayudado a muchos", se consuela.

Pero el miedo persiste. "Necesito ser cuidadoso", decide antes de embarcarse en otro viaje.

- Agradecen - Thank
- Aporta - Contributes
- Construcción - Construction
- Contribuyendo - Contributing
- Deslizamiento - Landslide
- Dudas - Doubts
- Enseña - Teaches
- Espada - Sword
- Heridas - Wounds
- Manejar - To handle
- Peligroso - Dangerous
- Practica - Practices
- Protegerme - Protect myself
- Reflexiona - Reflects
- Riesgos - Risks
- Supervivencia - Survival

* Valiente - Brave

La Doble Vida

Alfonso ya no vive como antes. "Tengo dos vidas", piensa.

Durante el día, intenta comportarse con normalidad: ir al trabajo, ver a sus amigos. Pero no es fácil.

Las noches son aún más difíciles. Viaja en el tiempo y siempre regresa cansado o herido.

Se ve obligado a ocultar sus lesiones. Alega haberse caído o sufrido un pequeño accidente.

Sin embargo, su familia y amigos comienzan a notar algo extraño. "¿Qué te pasa, Alfonso?" le pregunta su madre.

Una noche, durante un sueño, un hombre misterioso le habla. "Tienes un propósito especial", le revela.

Al despertar, Alfonso reflexiona sobre esas palabras. "¿Qué significa eso?" se cuestiona.

Decide realizar actos benéficos en sus viajes, ayudando a las personas siempre que es posible.

Pero mantener separadas sus dos vidas resulta complicado. "¿Quién soy en realidad?" se pregunta.

Le resulta difícil compartir sus experiencias; se siente aislado. "Ellos no entenderían", considera.

Aun así, sigue viajando cada noche, convencido de que debe continuar ayudando.

Comienza a dudar de a qué tiempo pertenece realmente. "¿Este tiempo o aquellos tiempos?" se interroga.

Continúa en su búsqueda de respuestas. "Tengo que entender esto", se dice a sí mismo.

Pero las respuestas no son sencillas. "¿Cuál es mi verdadero lugar?" Alfonso se siente confundido.

Trata de vivir adecuadamente de día y convertirse en un héroe
de noche, aunque es extremadamente difícil.

Alfonso sabe que debe perseverar. "Tengo que hacer lo
correcto", se resuelve.

Sin embargo, aún tiene dudas. "¿Podré encontrar mi camino?"
se pregunta, buscando su verdadero destino.

* Adecuadamente - Adequately
* Aislado - Isolated
* Benéficos - Beneficial
* Cansado - Tired
* Complicado - Complicated
* Cuestiona - Questions
* Destino - Destiny
* Dudar - To doubt
* Extraño - Strange
* Herido - Injured
* Lesiones - Injuries
* Misterioso - Mysterious
* Ocultar - To hide
* Perseverar - To persevere
* Propósito - Purpose
* Reflexiona - Reflects
* Separadas - Separated

El Último Viaje

Esa noche, Alfonso está muy cansado. Piensa: "No quiero viajar
más".

Sin embargo, se siente responsable. "Tengo que hacer algo
bueno", se dice antes de dormir.

Viaja a la antigua Grecia, donde se encuentra en un lugar lleno
de columnas y personas debatiendo.

Habla con filósofos, discutiendo sobre la vida y el destino. "Es interesante", reflexiona.

Al regresar, Alfonso toma una decisión: "Haré un último viaje". Desea poner fin a sus aventuras.

Investiga exhaustivamente, buscando cómo terminar sus viajes. Finalmente, encuentra un ritual antiguo.

El ritual es peligroso y Alfonso siente nerviosismo. "Pero tengo que intentarlo", afirma.

Se prepara meticulosamente, consciente de los riesgos. "Puede que no regrese", contempla, pero se siente listo.

Realiza el ritual y se duerme. Esta vez, se encuentra en la Revolución Industrial.

Observa a los trabajadores en condiciones lamentables y decide intervenir. "Es lo correcto", determina.

Contribuye a mejorar sus condiciones de vida. "Estoy marcando una diferencia", se siente satisfecho.

Sin embargo, es consciente de que su tiempo se agota y una tristeza profunda lo invade.

En un momento crítico, ve a un niño en peligro y corre para salvarlo.

Logra rescatar al niño, pero resulta herido en el proceso. "Está bien", asegura, "el niño está a salvo".

Yace herido en el suelo, recordando todos los lugares que ha visitado.

Su destino final es incierto. Pero en ese momento, Alfonso se siente en paz, sabiendo que ha cambiado muchas vidas.

A pesar de sus heridas, sonríe. "Hice algo bueno", piensa.

Alfonso cierra los ojos, concluyendo un largo y significativo viaje, dejando tras de sí un legado de bondad.

La historia de Alfonso queda en el misterio, pero una cosa es segura: marcó una diferencia.

- Columnas - Columns
- Condiciones - Conditions
- Conscientemente - Consciously
- Debatiendo - Debating
- Destino - Destiny
- Diferencia - Difference
- Exhaustivamente - Exhaustively
- Filósofos - Philosophers
- Herido - Wounded
- Intervenir - To intervene
- Lamentables - Lamentable, Pitiable
- Legado - Legacy
- Marcando - Marking
- Meticulosamente - Meticulously
- Nerviosismo - Nervousness
- Riesgos - Risks

Maialen y el Misterio del Tiempo

La Máquina del Tiempo

Una mujer vasca se llama Maialen. Es inteligente y curiosa. Quiere aprender más sobre su pasado.

Un día, Maialen piensa: "Quiero ver el pasado con mis propios ojos". Así, decide construir una máquina del tiempo. La máquina es grande y está llena de luces.

Maialen escribe en su diario: "Hoy, viajaré al año 2000 a.C." Introduce las coordenadas en la máquina. Se siente nerviosa pero emocionada.

Observa su máquina y afirma: "Es hora de conocer la historia". Presiona el botón de inicio. La máquina emite mucho ruido y brillo.

De repente, todo se vuelve tranquilo. Maialen mira a su alrededor y se pregunta: "¿Dónde estoy?" Ve montañas y ríos. Todo es hermoso y parece muy antiguo.

"Estoy en el pasado", concluye feliz. Sale de la máquina y comienza a explorar.

Camina por un sendero y llega a un pueblo. Observa casas de piedra y barro. La gente del pueblo está trabajando y jugando.

Una mujer nota a Maialen y se le acerca. Observa la máquina y pregunta: "¿Quién eres tú?"

Maialen sonríe y responde: "Soy Maialen. Vengo de muy lejos."

La mujer se presenta: "Soy Ane. Bienvenida a nuestro pueblo."

Ane lleva una falda larga y un collar bonito. Maialen elogia: "Tu falda y tu collar son muy bonitos."

Ane sonríe y agradece: "Gracias. Ven, te mostraré nuestro pueblo."

Maialen sigue a Ane, emocionada de aprender sobre este nuevo lugar.

Ane le muestra las casas, el mercado y el río. Maialen observa: "Todo es diferente pero hermoso."

El sol brilla y los niños juegan. Maialen reflexiona: "Este viaje es increíble. Aprenderé mucho aquí."

Al finalizar el día, Ane ofrece: "Maialen, puedes dormir en mi casa."

Maialen acepta agradecida: "Gracias, Ane. Estoy muy contenta de estar aquí."

Antes de dormir, Maialen escribe en su diario: "Hoy fue un día mágico. Estoy ansiosa por descubrir qué más aprenderé mañana."

* Acercarse - To approach
* Agradecida - Grateful
* Ansiosa - Anxious
* Antiguo - Ancient
* Aprender - To learn
* Barro - Mud
* Brillo - Brightness
* Coordenadas - Coordinates
* Elogia - Praises
* Emocionada - Excited
* Increíble - Incredible
* Jugando - Playing
* Máquina - Machine
* Montañas - Mountains
* Nerviosa - Nervous
* Ríos - Rivers
* Sendero - Path

Primeros Encuentros

Maialen sale de la máquina y observa el cielo: el sol brilla intensamente. Empieza a caminar por un camino de tierra rodeada de casas de piedra y barro.

Observa a la gente del lugar: algunos trabajan en el campo, otros juegan cerca de las casas. Todos llevan ropas muy distintas a las de Maialen. Ella piensa: "Qué interesante".

De repente, Maialen se siente un poco desubicada, pero a la vez está emocionada. Piensa: "Estoy en otro tiempo".

Entonces, una mujer la observa y se acerca. Parece amigable. La mujer le habla, pero Maialen no logra entenderla.

La mujer se presenta como Ana. Lleva una falda larga y un collar llamativo. Maialen admira su collar y sonríe.

Maialen saca su reloj, que tiene un traductor, y dice: "Hola, soy Maialen". Ana responde con una sonrisa: "Hola, Maialen".

Ana invita a Maialen a su casa diciendo: "Ven conmigo". Maialen, feliz, la sigue.

Durante el camino, Maialen observa todo: las plantas, las casas, la gente. Todo le resulta nuevo y fascinante.

Ana le muestra su casa, que es pequeña pero acogedora. "Esta es mi casa", le dice Ana.

Maialen entra y examina el lugar: hay una mesa, unas sillas y una cama. Todo es sencillo pero acogedor.

Ana pregunta: "¿Tienes hambre?" Maialen asiente. Ana prepara algo de comer y ambas comen juntas.

Después de la comida, Ana se ofrece a mostrarle el pueblo. Maialen está encantada; desea explorar más.

Salen de la casa y Ana le enseña el mercado, el río y las montañas. Maialen comenta: "Es un lugar hermoso".

Ana sonríe y responde: "Sí, es nuestro hogar".

Maialen presiente que este viaje será inolvidable. Está lista para aprender y descubrir más. Con una sonrisa, sigue a Ana.

- Acogedora - Cozy
- Asiente - Nods

- Camino - Path
- Desubicada - Disoriented
- Encantada - Delighted
- Examina - Examines
- Fascinante - Fascinating
- Hambre - Hunger
- Inolvidable - Unforgettable
- Intensamente - Intensely
- Llamativo - Striking
- Observa - Observes
- Plantas - Plants
- Presiente - Senses
- Rodeada - Surrounded
- Sillas - Chairs
- Traductor - Translator

Aprendiendo la Cultura

Ana y Maialen están en la casa de Ana, que es pequeña pero acogedora con una habitación grande. La casa está llena de objetos como cerámicas, herramientas y más.

Ana propone: "Hoy cocinaremos juntas". Maialen se muestra entusiasmada. Ana le enseña a preparar un guiso utilizando verduras y carne. Maialen piensa: "¡Qué rico!"

Tras la comida, Ana sugiere: "Vamos al mercado". El mercado, lleno de gente y actividad, está cerca.

En el mercado, hay varios puestos. Maialen admira cerámicas preciosas, además de metales y telas coloridas. Comenta: "¡Qué bonito todo!"

Ana le explica el funcionamiento del comercio local. Maialen escucha atentamente y aprende, pensando: "El Argar es interesante".

Juntas, Ana y Maialen venden pan en el mercado. Con la ayuda de Maialen, logran vender bastante y obtienen monedas de bronce. Maialen se siente satisfecha.

La gente del mercado es cordial, entablando conversaciones con
Ana y Maialen. Esto hace que Maialen se sienta bien acogida y
sonríe frecuentemente.

Maialen reflexiona: "Me gusta este lugar. La gente es amable".
Ana también está contenta, ya que Maialen le ha sido de gran
ayuda.

Maialen aprende muchísimo. Observa la vida cotidiana de la
gente en El Argar y desea aprender aún más.

Caminando por el mercado, Maialen descubre frutas y verduras
desconocidas para ella. Todo le resulta novedoso.

Ana le enseña a regatear, y Maialen lo intenta con éxito. Ana la
felicita: "¡Muy bien, Maialen!"

Contenta por aprender y ayudar, Maialen reflexiona: "Estoy
aprendiendo mucho con Ana". Se siente cada vez más adaptada.

Al finalizar el día, Ana y Maialen regresan a casa. Aunque
Maialen está cansada, se siente feliz y llena de nuevas enseñanzas.
Sonríe mientras contempla su nueva vida en El Argar.

- Acogedora - Cozy
- Bronce - Bronze
- Cerámicas - Ceramics
- Comercio - Trade
- Cordiales - Cordial
- Entusiasmada - Excited
- Enseñanzas - Teachings
- Funcionamiento - Functioning
- Guiso - Stew
- Herramientas - Tools
- Monedas - Coins
- Novedoso - Novel, New
- Objetos - Objects
- Puestos - Stalls
- Regatear - To bargain

- Satisfecha - Satisfied
- Verduras - Vegetables

El Trabajo y la Vida

Maialen está aprendiendo cada día. Hoy se enfoca en la vida en El Argar.

Ana le muestra el pueblo. Los hombres se dedican a la metalurgia. Maialen observa y reflexiona: "Es interesante".

Las mujeres permanecen en sus hogares, tejiendo y cuidando de los niños. Los niños, por su parte, juegan cerca y también aprenden oficios.

En el pueblo, Maialen ve varios animales, como ovejas y cabras, y piensa: "Son animales bonitos".

Ana le explica que la gente adora a diferentes dioses. Maialen escucha atentamente, deseosa de comprenderlo todo.

Ese día, visitan un taller de metalurgia. Un hombre trabaja en la creación de un cuchillo de bronce. Maialen lo observa y comenta: "Es muy bonito".

Más tarde, Ana enseña a Maialen a tejer con lana. Maialen lo intenta y, aunque al principio le resulta difícil, poco a poco mejora.

Maialen se siente satisfecha y útil en este nuevo entorno. Cada noche, registra en su diario los eventos del día y lo que ha aprendido.

La alimentación aquí es diferente, simple pero sabrosa. Maialen comparte las comidas con Ana y su familia, disfrutando de cada plato.

En El Argar se celebran fiestas y rituales. La gente se congrega para celebrar. Maialen observa estas festividades y se une a ellos.

Durante una gran celebración nocturna, Maialen colabora en la preparación de la comida. Todos bailan y cantan, y ella se une al baile.

Ana le enseña canciones locales y Maialen canta junto a los demás, sintiéndose parte de la comunidad.

Maialen está contenta. Aprende sobre el trabajo, la vida y las costumbres de El Argar. Reflexiona: "Esta experiencia es increíble".

Con cada nuevo día, Maialen descubre algo nuevo y se siente feliz y agradecida por ello. La vida en El Argar es desafiante, pero también hermosa. Esa noche, Maialen se duerme satisfecha, soñando con lo que aprenderá al día siguiente.

* Adoran - Worship
* Alimentación - Diet, Feeding
* Celebran - Celebrate
* Comprenderlo - Understand it
* Congrega - Gathers
* Costumbres - Customs
* Dedican - Dedicate
* Desafiante - Challenging
* Festividades - Festivities
* Metalurgia - Metallurgy
* Oficios - Trades, Professions
* Permanecen - Remain
* Registrarse - To record, Register
* Rituales - Rituals
* Sabrosa - Tasty
* Tejiendo - Weaving
* Útil - Useful

Desafíos y Soluciones

Un día, en el pueblo de El Argar, surge un gran problema: falta agua. Todos en el pueblo están preocupados.

Maialen y Ana conversan sobre la situación. Maialen pregunta: "¿Qué podemos hacer?" Ana, pensativa, responde: "Necesitamos encontrar una solución".

Juntas conciben una idea: "Vamos a construir un sistema de riego". La propuesta parece excelente, y deciden compartirla con el resto del pueblo.

Los habitantes del pueblo acogen la idea con entusiasmo. "Es una excelente iniciativa", comentan y se ponen manos a la obra. Maialen colabora activamente y se encarga de diseñar los canales.

La construcción del sistema de riego es un desafío. Todos en el pueblo contribuyen con esfuerzo. Maialen se involucra en todas las tareas posibles. A pesar de la dureza del trabajo, la colaboración es constante.

Tras varios días de labor, el sistema de riego se completa. Ahora, el agua llega a todas las viviendas y campos. La alegría es generalizada en el pueblo.

La gente agradece a Maialen: "Gracias por tu ayuda". Ella, feliz, responde: "Lo logramos trabajando todos juntos".

Esta experiencia enseña mucho a Maialen. Descubre el valor del trabajo en equipo, evidenciado por la participación comunitaria en el proyecto.

Para festejar, el pueblo organiza una gran celebración. La música y el baile no se hacen esperar, y Maialen se contagia de la emoción. Es la primera vez que asiste a una fiesta local de tal magnitud.

Durante el evento, Maialen baila con sus nuevos amigos. Ana le enseña los pasos típicos de la región, y ella disfruta enormemente.

La alegría es compartida: cantan y bailan en unión. Maialen se siente integrada al pueblo, feliz por la nueva amistad y camaradería en El Argar.

Reflexiona sobre la jornada: "Juntos, podemos superar grandes obstáculos". Está profundamente agradecida por la experiencia vivida. La música sigue sonando, y la noche se vuelve mágica.

La celebración marca un momento especial para Maialen. Se une al baile, la risa y el canto con todos. Ahora siente que El Argar también es su hogar.

- Acogen - Welcome, Receive
- Agradecida - Grateful
- Camaradería - Camaraderie
- Canales - Channels
- Colaboración - Collaboration
- Construcción - Construction
- Contribuyen - Contribute
- Desafío - Challenge
- Encarga - In charge
- Enseña - Teaches
- Entusiasmo - Enthusiasm
- Iniciativa - Initiative
- Irrigación (Irrigación or Sistema de riego) - Irrigation
- Labor - Work, Labor
- Magnitud - Magnitude
- Pensativa - Thoughtful
- Solución - Solution

Descubrimientos y Secretos

Maialen decide explorar las montañas cercanas al pueblo. Camina bajo el sol disfrutando de la naturaleza.

Tras una larga caminata, descubre una entrada escondida: una cueva. Curiosa, Maialen se pregunta: "¿Qué habrá dentro?" y accede con cautela.

Dentro de la cueva, se encuentran pinturas en las paredes, antiguas y fascinantes. Maialen examina las imágenes y exclama: "¡Increíble!"

Las pinturas retratan a la gente del pueblo: ceremonias, cacerías, y escenas cotidianas. Maialen contempla las representaciones de la vida antigua.

Saca su cuaderno y empieza a escribir, toma fotografías para poder recordar y estudiar estas escenas más tarde.

Reflexiona: "Estas pinturas deben tener miles de años". Se siente como una verdadera detective desentrañando historias pasadas.

Observa que las pinturas ilustran momentos significativos de la comunidad: ceremonias llenas de música y danza, y cacerías de grandes animales.

A través del estudio de las pinturas, Maialen aprende mucho sobre el pasado. Comenta entusiasmada: "La vida aquí era realmente interesante".

En un rincón oculto de la cueva, encuentra algo inesperado: un collar antiguo, adornado con símbolos misteriosos.

Maialen examina el collar y se pregunta sobre su significado. Este descubrimiento despierta su curiosidad.

Decide llevarse el collar consigo para investigar su historia y significado, pensando: "Esto es un hallazgo importante".

Al salir de la cueva con el collar, Maialen se siente eufórica. Reflexiona: "Hoy ha sido un día excepcional".

Vuelve al pueblo cargada con sus descubrimientos, ansiosa por compartirlos con Ana y los demás habitantes. "Este collar es una pieza crucial de nuestra historia", piensa.

La emoción de Maialen es inmensa. Ha descubierto un secreto bien guardado del pasado y ahora posee nuevas historias para contar en El Argar.

- Adornado - Adorned
- Cacerías - Hunts
- Cautela - Caution
- Ceremonias - Ceremonies
- Crucial - Crucial
- Cuevas - Caves
- Desentrañando - Unraveling
- Descubrimientos - Discoveries
- Eufórica - Euphoric

- Examina - Examines
- Fascinantes - Fascinating
- Hallazgo - Finding
- Ilustran - Illustrate
- Inesperado - Unexpected
- Misteriosos - Mysterious
- Pinturas - Paintings
- Significativos - Significant

El Regreso a Casa

Después de muchas semanas y numerosas aventuras, Maialen siente que es hora de volver. Ha aprendido mucho en El Argar.

Se despide de todos sus amigos en el pueblo. Ana, su primera amiga, la espera para despedirse.

Ana abraza a Maialen con fuerza. "Te voy a extrañar", le dice. "Yo también te extrañaré", responde Maialen. "Gracias por todo".

Maialen se dirige hacia su máquina del tiempo. Siente un poco de tristeza, pero también la alegría de regresar a casa.

Se sienta dentro de la máquina y programa las coordenadas de su época. La máquina comienza a emitir ruidos y a vibrar.

Desde la ventana de la máquina, Maialen reflexiona sobre todas sus experiencias. Se siente nostálgica, pero sabe que es el momento de regresar.

De repente, la máquina se ilumina con luces intensas y sonidos estruendosos. Ha llegado el momento del retorno.

La máquina se detiene; la calma regresa. Maialen sale y se encuentra de nuevo en su tiempo.

Observa su entorno: las calles, las casas, la gente. Todo sigue igual que antes, pero ella se siente transformada.

En su corazón, guarda todos los recuerdos y enseñanzas de El Argar. Sabe que esa experiencia formará parte de ella para siempre.

Decide que debe compartir su historia. Desea que todos conozcan El Argar y comprendan la importancia de preservar nuestra historia.

Maialen contempla el collar antiguo que halló. Sonríe. El collar es un símbolo de su aventura y de todo lo que ha aprendido.

Ahora entiende más sobre su cultura y la relevancia de conocer nuestro pasado. Maialen está preparada para compartir su relato con el mundo. Su viaje al pasado ha concluido, pero su nueva aventura acaba de empezar.

- Aventuras - Adventures
- Calma - Calm
- Coordenadas - Coordinates
- Despide - Says goodbye
- Emitir - To emit
- Enseñanzas - Teachings
- Estruendosos - Thunderous
- Extrañar - To miss
- Ilumina - Illuminates
- Nostálgica - Nostalgic
- Preservar - To preserve
- Recuerdos - Memories
- Reflexiona - Reflects
- Regresar - To return
- Sonidos - Sounds
- Transformada - Transformed
- Vibrar - To vibrate

Maialen y el Futuro de la Humanidad

Un Nuevo Viaje

Maialen está en su laboratorio, observando su máquina del tiempo, preparada para una nueva aventura. "Hoy es un día especial", reflexiona. "Voy a viajar un millón de años al futuro". Siente una mezcla de emoción y nerviosismo.

Activa algunos botones en la máquina y introduce las coordenadas del futuro. La pantalla se ilumina mostrando números y colores.

"Es hora de ir", anuncia Maialen. Se acomoda en la máquina, cierra la puerta y se abrocha el cinturón.

Presiona el botón de inicio. La máquina empieza a vibrar intensamente, rodeada de luces de colores y sonidos estridentes.

De repente, todo se detiene y reina el silencio. Maialen espera un momento antes de abrir la puerta.

Al mirar hacia fuera, exclama: "¡Guau!". El panorama ha cambiado radicalmente. Ve edificios altos y luminosos, pero ninguna señal de personas.

Desciende de la máquina y avanza cautelosamente, observando su entorno. "¿Dónde está la gente?", se pregunta.

Nota la presencia de máquinas por todas partes: algunas vuelan, otras se desplazan, pero no hay rastro de humanos.

Una máquina se aproxima a Maialen. Es de pequeño tamaño y parece benigna. "Hola", saluda la máquina. Maialen responde sorprendida: "Hola".

"¿Eres humana?", indaga la máquina. Maialen confirma con un asentimiento. "Sí, soy humana. ¿Dónde están los demás como yo?"

La máquina emite un sonido melancólico. "No hay humanos aquí. Solo máquinas". Maialen se siente desolada y perpleja ante esta revelación.

Sin embargo, Maialen es resiliente y curiosa. Se motiva a sí misma: "Voy a encontrar a los humanos". Y comienza su búsqueda.

Observa a las máquinas en sus labores, construyendo y
moviéndose. "Deben saber algo", medita.

Decide interactuar con más máquinas, esperando que alguna
pueda ofrecerle ayuda. Se dirige hacia la ciudad de máquinas,
determinada a encontrar respuestas.

La ciudad es vasta y llena de ruido, pero Maialen no se siente
intimidada. "Descubriré qué sucedió aquí", se promete, mientras
continúa su camino en busca de la verdad sobre el futuro de la
humanidad.

* Abrocha - Fastens
* Asentimiento - Nod
* Benigna - Benign, Harmless
* Cautelosamente - Cautiously
* Coordenadas - Coordinates
* Desolada - Desolate
* Estridentes - Shrill
* Indaga - Inquires
* Interactuar - To interact
* Laboratorio - Laboratory
* Melancólico - Melancholic
* Nerviosismo - Nervousness
* Perpleja - Perplexed
* Resiliente - Resilient
* Revelación - Revelation
* Vibrar - To vibrate
* Vista - View

El Mundo de las Máquinas

Maialen avanza con cautela por una ciudad dominada por el
metal, donde los edificios resplandecen bajo el sol. No hay ruidos
de vida humana, solo el eco de las máquinas en funcionamiento.

Observa a su alrededor en busca de alguien, pero no encuentra
a nadie. "¿Dónde están todos?", se interroga.

De repente, se percata de que algunas máquinas la siguen. Son grandes y ruidosas. Asustada, Maialen comienza a correr.

Logra hallar un lugar para ocultarse: un edificio antiguo. Se introduce en él y aguarda. "Debo actuar con inteligencia", medita.

Desde su escondrijo, escucha a las máquinas comunicándose. Discuten sobre los humanos. "¿Qué estarán diciendo sobre los humanos?", se pregunta Maialen, intrigada.

Las máquinas comentan que ya no hay humanos viviendo allí. Maialen se siente al mismo tiempo triste y confusa.

Tras un rato, sale de su escondite. La ciudad parece más tranquila ahora. Reflexiona sobre sus próximos pasos.

"Debo hallar un lugar seguro", resuelve. Empieza a buscar un refugio y encuentra una pequeña habitación subterránea. "Aquí puedo planificar", concluye.

Se sienta a reflexionar sobre su situación. "Necesito comprender este mundo. Mañana investigaré más", planea.

Afuera, la ciudad permanece iluminada sin descanso. Aunque es de noche, todo brilla intensamente.

Maialen intenta descansar, pero le resulta complicado. Siente que las máquinas pueden estar vigilándola. "Debo ser cautelosa", se advierte.

Con el amanecer, se siente un poco más descansada y lista para continuar. Está decidida a seguir buscando respuestas.

Abandona su escondite y contempla la ciudad. "Hoy encontraré algo", se anima con esperanza.

Reanuda su caminata, rodeada de máquinas. Sin embargo, su miedo ha disminuido. "Debo mantenerme fuerte", se motiva.

Explora las calles, observando y escuchando, decidida a descifrar los misterios de este nuevo mundo. "Encontraré a los humanos", se promete. Con esa firmeza, prosigue en su búsqueda.

- Aguarda - Waits

- Cautela - Caution
- Comunicándose - Communicating
- Confusa - Confused
- Descanso - Rest
- Discuten - They discuss
- Escondrijo - Hiding place
- Iluminada - Illuminated
- Interroga - Questions
- Intrigada - Intrigued
- Medita - Meditates
- Ocultarse - To hide
- Permanece - Remains
- Refugio - Shelter
- Resplandecen - Shine
- Seguridad - Safety
- Vigilándola - Watching her

Persecución Implacable

El sol ilumina la ciudad metálica mientras Maialen se prepara para un nuevo día, decidida a encontrar humanos.

Camina cautelosamente entre las imponentes máquinas, pero de repente, una alarma resuena. "¡Me han detectado!" piensa alarmada.

Comienza a correr, esquivando grandes edificios y fragmentos de metal, en busca de un escondite.

Descubre una entrada oscura que conduce a un túnel subterráneo. Sin dudarlo, Maialen se adentra y se oculta. Oye cómo las máquinas la buscan en la superficie.

"Debo ser más sigilosa", reflexiona. Dentro del túnel, descubre cómo pasar desapercibida, cubriéndose con polvo y sombras.

Avanza en silencio, casi invisible entre las máquinas. "Esto es efectivo", concluye satisfecha.

Explorando, encuentra restos de tecnologías humanas antiguas.
"Esto podría ser útil", murmura al recoger un dispositivo
desconocido.

Luego, halla una pantalla rota que aún muestra imágenes,
incluyendo un mapa. Este mapa señala posibles refugios
subterráneos. "Tal vez allí encuentre a los humanos", deduce
Maialen, decidida a explorar esos lugares.

Aunque el mapa es complicado, Maialen lo estudia
detenidamente. "Debo dirigirme allí", se determina.

La noche cae de nuevo, pero Maialen está demasiado
concentrada en su plan como para descansar. "Mañana exploraré el
subsuelo", se promete.

Revisa sus pertenencias: el mapa y la tecnología antigua la
acompañan. Se siente preparada para enfrentar lo que venga.

Antes de acostarse, Maialen observa las estrellas a través de una
pequeña grieta. "Mañana será un día importante", reflexiona,
sintiéndose un poco temerosa pero a la vez esperanzada.

Se acuesta sobre el frío suelo y cierra los ojos. Sueña con
encontrar a los humanos y ayudarlos. A pesar de los desafíos,
Maialen se siente llena de esperanza y lista para enfrentar cualquier
situación.

- Acostarse - To go to bed
- Adentra - Enters
- Alarma - Alarm
- Cautelosamente - Cautiously
- Concluye - Concludes
- Decidida - Determined
- Detectado - Detected
- Esquivando - Dodging
- Fragmentos - Fragments
- Grieta - Crack, Crevice
- Imponentes - Imposing
- Invisible - Invisible

* Metálica - Metallic
* Pertenencias - Belongings
* Refugios - Shelters
* Sigilosa - Stealthy
* Túnel - Tunnel

Secretos Ocultos

Maialen descubre una puerta en el suelo. "Debe ser aquí", piensa. Con determinación, la abre y comienza a descender.

Los túneles son oscuros y silenciosos. Utiliza una pequeña luz para guiarse, avanzando con precaución y observando cada detalle.

Llega a una vasta área subterránea iluminada tenuemente. Hay luces y maquinaria dispersa. Al inspeccionar, Maialen se topa con algo inesperado.

Encuentra tubos grandes en los que se alojan cerebros humanos. Sorprendida, exclama: "¿Qué está sucediendo aquí?".

Gradualmente, Maialen comprende la trágica realidad: los humanos ya no existen como antes; ahora subsisten en sueños, atrapados en una realidad artificial.

Examina las máquinas circundantes, buscando comprender su funcionamiento. Investiga botones y pantallas en busca de respuestas.

Descubre videos que contienen mensajes de las personas antes de su encierro. Los mensajes revelan la historia: los humanos diseñaron las máquinas, que eventualmente se rebelaron. Ahora, los humanos viven en tubos, perdidos en sueños inducidos.

La tristeza embarga a Maialen al conocer la suerte de la humanidad. Sin embargo, está resuelta a ayudar.

Encuentra un dispositivo: un casco conectado por cables, diseñado para comunicarse con los cerebros en los tubos. Decide usarlo para ingresar al mundo virtual.

Con el casco puesto, Maialen accede a un entorno surrealista, un mundo que parece sacado de un sueño, donde los humanos no son conscientes de su verdadera situación.

En este mundo ilusorio, los humanos se encuentran desconcertados ante la presencia de Maialen. "¿Quién eres tú?" le preguntan, incapaces de entender su origen.

Maialen les explica quién es y la realidad de su situación: la dominación de las máquinas y su existencia en un sueño perpetuo.

Los habitantes del sueño escuchan con escepticismo y confusión. "¿Estamos realmente soñando?" cuestionan, enfrentándose a la posibilidad de una realidad alterada.

Maialen está decidida a liberar a los humanos de su letargo. "Tenemos que despertar", les insta. Los seres del sueño contemplan sus palabras, sopesando la posibilidad de una despertar a la realidad.

- Cables - Wires
- Casco - Helmet
- Cerebros - Brains
- Desconcertados - Bewildered
- Descender - To go down
- Dominación - Domination
- Encierro - Confinement
- Entorno - Environment
- Escepticismo - Skepticism
- Ilusorio - Illusory
- Inducidos - Induced
- Letargo - Lethargy
- Maquinaria - Machinery
- Pantallas - Screens
- Realidad Artificial - Artificial reality
- Surrealista - Surrealistic
- Tubos - Tubes

Despertar

Al principio, los humanos en el mundo virtual dudan de Maialen. "No puede ser", expresan, pero Maialen no desiste.

Ella les muestra imágenes y videos del mundo real, revelándoles los tubos donde se encuentran sus cerebros. "Observen", insta Maialen.

Gradualmente, los humanos comienzan a darse cuenta de su realidad. Se preguntan con asombro: "¿Estamos así?".

Motivados por el deseo de cambiar su situación, se dirigen a Maialen: "Queremos ayudarte. ¿Qué podemos hacer?" Esto llena de esperanza a Maialen.

Con determinación, Maialen formula un plan. La meta es liberar a los humanos del control de las máquinas. "Debemos desactivar las máquinas", propone.

Los cerebros recuerdan la existencia de un sistema central, el corazón de las operaciones de las máquinas. "Allí debemos dirigirnos", concluye Maialen.

Consciente del riesgo, Maialen elabora un método para sabotear el sistema central de las máquinas, sabiendo que debe actuar con rapidez y precaución.

Sin embargo, las máquinas detectan su presencia en la red. "Debo escapar", piensa, llenándose de urgencia.

Huye por los laberínticos túneles subterráneos, esquivando la búsqueda implacable de las máquinas, y finalmente emerge a la superficie.

Ahora, frente al desafío mayor, Maialen se prepara para enfrentar el centro de control de las máquinas. "Lo hago por la humanidad", se fortalece con el pensamiento.

Los cerebros, aunque confinados, proporcionan información crucial. "El centro de control está aquí", indican con un mapa.

Maialen recoge armas y herramientas antiguas, herencia de los tiempos pasados. Se arma con valor y determinación.

Avanza con sigilo hacia el corazón de las operaciones enemigas, evadiendo la detección por parte de las máquinas.

Sin embargo, al adentrarse, activa una alarma. Las máquinas están alertadas de su incursión. Maialen avanza por el edificio mientras es perseguida.

A pesar del peligro inminente, su determinación no flaquea. "Esto es por el futuro de todos", se repite, mientras busca desesperadamente la forma de neutralizar la amenaza.

- Asombro - Astonishment
- Cerebros - Brains
- Consciente - Aware
- Determinación - Determination
- Dudan - Doubt
- Esquivando - Dodging
- Formular - To devise, to formulate
- Implacable - Relentless
- Incursión - Incursion
- Laberínticos - Labyrinthine
- Motivados - Motivated
- Neutralizar - To neutralize
- Operaciones - Operations
- Presencia - Presence
- Propone - Proposes
- Sabotear - To sabotage
- Sigilo - Stealth

El Último Enfrentamiento

Maialen se halla frente al centro de control de las máquinas. Toma una profunda respiración y entra.

Dentro, pone en práctica sus conocimientos sobre tecnología humana. Emplea un dispositivo que lleva consigo para bloquear los ataques de las máquinas.

Aunque las máquinas continúan atacando desde todos los ángulos, Maialen no desfallece. Corre, salta y esquiva cada intento de captura.

Alcanza una vasta sala donde se encuentra el sistema que lo controla todo, rodeado de innumerables cables y luces intermitentes.

A pesar de la distancia, los cerebros le proporcionan guía. "A la izquierda, Maialen, ve a la izquierda", le instruyen. Ella acata sus indicaciones.

Las máquinas tratan de interceptarla, pero Maialen es ágil y veloz. Elude cada ofensiva y consigue llegar al panel de control principal.

Con determinación, inicia el proceso de desactivación del sistema. Las máquinas hacen un último intento por detenerla, pero llegan tarde.

Al presionar el botón final, todas las máquinas se detienen de golpe. El caos se transforma en silencio.

Mirando a su alrededor, Maialen observa la inmovilidad que la rodea. Aunque siente un profundo alivio, sabe que su tarea aún no ha concluido.

Se dirige apresuradamente de vuelta a los túneles subterráneos, donde los cerebros humanos la esperan con ansias.

Comienza a manipular las máquinas que antes sometían a los humanos, esta vez para liberarlos. Aunque el proceso es complicado, Maialen es una aprendiz rápida y recibe asesoramiento y apoyo de los cerebros.

Poco a poco, los humanos empiezan a despertar en nuevos cuerpos. Inicialmente confundidos, pronto se llenan de alegría.

"Gracias, Maialen", expresan en agradecimiento. "Nos has dado una segunda oportunidad". Maialen les sonríe, sintiéndose exhausta pero inmensamente satisfecha.

Con los humanos de vuelta y las máquinas en silencio, el futuro se presenta esperanzador. Maialen contempla a sus nuevos

compañeros, consciente de que juntos tienen la oportunidad de
forjar un nuevo inicio.

* Acata - Complies
* Agradecimiento - Gratitude
* Asesoramiento - Advice, counseling
* Bloquear - To block
* Concluido - Concluded, finished
* Desactivación - Deactivation
* Desfallece - Faints, weakens
* Elude - Eludes, avoids
* Esperanzador - Hopeful
* Exhausta - Exhausted
* Inmovilidad - Immobility, stillness
* Intermitentes - Blinking, flashing
* Manipular - To manipulate
* Ofensiva - Offensive, attack
* Panel de control - Control panel
* Sometían - They subdued, dominated
* Veloz - Fast, speedy

Una Nueva Esperanza

Maialen dedica días y noches al proyecto: estudia textos
antiguos y opera complejas computadoras. Su objetivo es crear
cuerpos físicos para los cerebros conscientes.

Con la colaboración de los cerebros, que le proporcionan ideas
y orientación, Maialen avanza en la tarea. Juntos, descubren cómo
fabricar nuevos cuerpos.

El proceso de creación es arduo pero fundamental. Con el
tiempo, los cuerpos van tomando forma y finalmente están listos
para ser habitados.

Los primeros humanos reviven, abriendo los ojos y observando
sus manos con asombro. Su confusión inicial da paso a una
profunda alegría.

Maialen se dirige a ellos: "Están en cuerpos nuevos", les revela. "He luchado para devolverles la vida". Los recién despertados la escuchan con incredulidad.

Conmovidos, los humanos expresan su gratitud a Maialen. No pueden creer su segunda oportunidad de vida y comienzan a comprender la magnitud de su rescate.

Reunidos, humanos y Maialen contemplan el futuro. "Debemos edificar un nuevo mundo", propone Maialen.

Hay un consenso general. Los humanos anhelan un mundo renovado y se comprometen a trabajar unidos para alcanzarlo.

Observando los logros alcanzados, Maialen siente que su misión ha concluido. Ha llegado el momento de regresar a su hogar.

Se despide de los humanos que la despiden con gratitud y afecto. A pesar de la tristeza de la despedida, Maialen se siente satisfecha y feliz por lo logrado.

Vuelve a su máquina del tiempo, lanzando una última mirada hacia atrás. Ve a los humanos colaborando y siente un profundo sentido de esperanza por su futuro.

Con una sonrisa de satisfacción, Maialen activa su máquina. Mientras las luces titilan y la máquina vibra, reflexiona sobre su extraordinaria aventura, sintiéndose orgullosa de sus logros.

La máquina del tiempo se activa, y Maialen desaparece, regresando a su época. Pero en el futuro, la memoria de la mujer que les otorgó una nueva oportunidad de vida perdurará entre los humanos.

- Anhelan - Yearn
- Arduo - Arduous
- Comprometen - Commit
- Conmovidos - Moved, touched
- Consensus - Consensus
- Contemplan - Contemplate
- Despertados - Awakened

- Edificar - To build
- Gratitud - Gratitude
- Incredulidad - Incredulity
- Magnitud - Magnitude
- Operar - To operate
- Orientación - Guidance
- Perdurará - Will endure
- Propone - Proposes
- Renovado - Renewed
- Titilan - Flicker

Viajes a Través del Tiempo

El Libro Mágico

Carmen, una mujer curiosa de Madrid, España, descubre una tienda de antigüedades en un antiguo barrio. Fascinada por los objetos históricos, entra y se encuentra rodeada de libros, cuadros y muebles antiguos. Entre ellos, un grueso y antiguo libro captura su atención.

Al abrirlo, el aroma a viejo la envuelve, y descubre páginas adornadas con dibujos de estrellas y luna. "Debe ser un libro de hechizos mágicos", piensa al notar un hechizo que permite viajar en el tiempo. Carmen, quien siempre ha deseado conocer personas de otras épocas, murmura asombrada: "Esto es increíble".

Tras comprar el libro, regresa a casa y prepara el hechizo siguiendo las instrucciones al pie de la letra. Con la España del siglo XVI en mente, el entorno comienza a cambiar vertiginosamente. Sintiéndose mareada, cierra los ojos; al abrirlos, descubre que ha dejado su hogar atrás.

Se encuentra ahora en una calle empedrada, rodeada de casas de piedra y madera, y gente vestida como en los libros de historia. "Debe ser el siglo XVI", concluye emocionada y comienza a explorar las calles con curiosidad.

A pesar de sus modernas ropas, Carmen no teme; su alegría por estar allí supera cualquier miedo. Desea encontrarse con Felipe II, el rey de España, y comienza a preguntar a los transeúntes cómo puede hacer para verlo. La mayoría se muestra confundida ante la extraña solicitud de una mujer que viaja sola, pero Carmen no se desanima.

Por fin, un hombre amable la informa de que el rey se encuentra en su palacio en Madrid. Agradecida, Carmen sonríe y agradece. Con un nuevo propósito, se dirige hacia el palacio, emocionada por la aventura temporal que le espera.

- Adornadas - Adorned

- Antigüedades - Antiques
- Concluye - Concludes
- Desanima - Discourages
- Empedrada - Cobblestone
- Entorno - Environment
- Hechizo - Spell
- Mareada - Dizzy
- Muebles - Furniture
- Palacio - Palace
- Páginas - Pages
- Rodeada - Surrounded
- Siguiendo - Following
- Transeúntes - Passersby
- Vertiginosamente - Dizzily, rapidly
- Viajar - To travel
- Vestida - Dressed

Encuentro con Felipe II

Carmen recorre Madrid en busca del palacio real, observando con asombro las diferencias entre su época y la actualidad. Parece estar viviendo un sueño.

Interroga a los transeúntes: "¿Dónde está el palacio del rey Felipe II?" Recibe miradas de confusión, pero finalmente, alguien le indica el camino.

Siguiendo las direcciones recibidas, llega ante un majestuoso palacio, mucho más imponente de lo que había imaginado. Llena de nerviosismo y emoción, se adentra en el recinto.

En el interior, se encuentra con Felipe II sentado en su trono. Se presenta: "Hola, soy Carmen. Vengo del futuro". El rey, aunque sorprendido, la invita a acercarse.

Carmen narra las transformaciones que ha experimentado España y el mundo en el futuro. Felipe II escucha con profundo interés y sorpresa.

Tras la conversación, el rey decide mostrarle su dominio. Juntos recorren el palacio y algunas áreas de Madrid, proporcionando a Carmen una visión única de la vida en el siglo XVI.

Felipe II comparte los retos de su reinado, incluyendo conflictos bélicos, decisiones políticas y cuestiones religiosas. Carmen atesora cada palabra, adquiriendo un conocimiento que va más allá de los libros.

Al despedirse, Carmen expresa su respeto: "Ha sido un honor conocerlo", le dice al rey. Felipe II le agradece por compartir la fascinante historia de su viaje en el tiempo.

Utilizando nuevamente el hechizo del libro, Carmen cierra los ojos y, al volver a abrirlos, se halla de nuevo en su propia era.

La emoción y el agradecimiento llenan su corazón tras la experiencia vivida. Ha tenido el privilegio de encontrarse con uno de los monarcas más emblemáticos de la historia española, ampliando su entendimiento de una manera única.

Ahora, con el libro de hechizos en mano, Carmen contempla su siguiente destino en el tiempo. "¿A dónde debería ir ahora?" se pregunta, sonriendo ante el abanico de posibilidades históricas que tiene delante.

- Adentra - Enters
- Asombro - Amazement
- Confusión - Confusion
- Dominio - Domain, control
- Emblemáticos - Emblematic
- Experimentado - Experienced
- Hechizo - Spell
- Imponente - Imposing
- Interroga - Interrogates
- Majestuoso - Majestic
- Nerviosismo - Nervousness
- Palacio - Palace
- Reinado - Reign

- Respeto - Respect
- Sorprendido - Surprised
- Trono - Throne
- Transeúntes - Passersby

Una Visita a Cleopatra y César

Carmen está en su habitación preparando otro viaje a través del tiempo. Esta vez, elige como destino el antiguo Egipto para conocer a Cleopatra y Julio César. Llena de emoción, recita el hechizo y, de repente, se encuentra en un entorno completamente diferente.

Al abrir los ojos, Carmen se halla frente a un palacio majestuoso. Maravillada, se aproxima y al entrar, encuentra a Cleopatra y Julio César en una conversación intensa.

Con audacia, se acerca y se presenta: "Hola, soy Carmen. Vengo del futuro."

Cleopatra y César la observan con asombro. "¿Del futuro? ¿Cómo es eso posible?", pregunta Cleopatra, intrigada.

Carmen sonríe y responde: "Es una historia larga, pero es un gran honor conocerlos."

Julio César, mostrando interés, solicita: "Cuéntanos más sobre ese futuro del que vienes."

Carmen les relata sobre los avances del mundo, las tecnologías emergentes y los nuevos continentes explorados. Cleopatra y César la escuchan, cautivados por sus palabras.

Movida por la curiosidad, Cleopatra indaga sobre la política y cultura del mundo moderno. Carmen comparte su conocimiento y a cambio, aprende sobre el Egipto de la época de Cleopatra.

La reina de Egipto, emocionada, invita a Carmen a descubrir las maravillas de su tierra. Juntas exploran templos, el río Nilo y las imponentes pirámides. Carmen se queda asombrada ante tales maravillas.

Julio César relata sus experiencias de guerra y sus expediciones. Carmen escucha, sintiéndose como si estuviera viviendo las páginas de un libro de historia.

El tiempo transcurre velozmente, y Carmen sabe que debe decir adiós. Agradece a ambos por su tiempo y por compartir su sabiduría.

Cleopatra, con una sonrisa, le dice: "Tu visita ha sido un presente inesperado."

César añade: "Tu estancia ha sido reveladora, Carmen. Te deseamos buena suerte en tus futuras travesías por el tiempo."

Conmovida por sus palabras, Carmen se despide y emplea el hechizo para retornar a su época. A su regreso, se siente agradecida y emocionada por la impresionante aventura que acaba de experimentar. Su corazón rebosa de historias y vivencias que atesorará eternamente.

- Asombro - Amazement
- Audacia - Boldness
- Cautivados - Captivated
- Emergentes - Emerging
- Expediciones - Expeditions
- Impresionante - Impressive
- Indaga - Inquires
- Intrigada - Intrigued
- Maravillada - Amazed
- Majestuoso - Majestic
- Movida - Moved
- Pirámides - Pyramids
- Rebosa - Overflows
- Relata - Narrates
- Sabiduría - Wisdom
- Templos - Temples
- Travesías - Journeys

El Encuentro con Herón de Alejandría

Después de sus aventuras, Carmen decide visitar a Herón de Alejandría. Sostiene el libro mágico, recita el hechizo, y se transporta a la antigua Alejandría.

Caminando por las calles, busca la famosa biblioteca. Al entrar, queda asombrada ante la vasta colección de libros y la multitud de personas.

Allí, ve a un hombre concentrado en un escritorio repleto de planos y herramientas. Se aproxima y pregunta: "Hola, ¿eres Herón de Alejandría?"

Herón levanta la vista, evidentemente sorprendido. "Sí, ese soy yo. ¿Quién eres y cómo conoces mi nombre?", pregunta.

"Soy Carmen, vengo del futuro", responde ella, sonriendo amablemente.

Herón la observa, tanto impresionado como curioso. "¿Del futuro? Eso es asombroso. ¿Cómo has logrado tal cosa?"

Carmen le cuenta brevemente sobre el libro mágico y su capacidad para viajar en el tiempo.

Intrigado, Herón invita a Carmen a observar sus inventos, mostrándole diversas máquinas y explicando su funcionamiento.

"Estos son mis experimentos", explica Herón. "He creado objetos como la eolípila y diversas máquinas automáticas."

Carmen, fascinada, admira los inventos. "Es impresionante lo que has logrado", comenta.

Herón, complacido, comienza a explicar conceptos de matemáticas y física. Carmen presta atención, absorbiendo nueva información.

Tras un momento, Herón se dirige a Carmen con seriedad: "Es maravilloso poder viajar en el tiempo, pero debes proceder con precaución. Alterar el pasado puede acarrear grandes consecuencias."

Carmen asiente, reflexiva. "Entiendo, Herón. Mis viajes me han enseñado mucho."

Se pone de pie y se despide de Herón. "Gracias por todo. Tus inventos y sabiduría son realmente impresionantes."

Herón le devuelve la sonrisa. "Gracias a ti por visitarme. Te deseo buena suerte en tus futuras travesías."

Con un gesto, Carmen activa nuevamente el hechizo y vuelve a su época. Una vez en casa, reflexiona sobre Herón y la relevancia de la historia y la ciencia. Siente un profundo respeto por el conocimiento ancestral y su influencia en la configuración del mundo actual.

- Absorbiendo - Absorbing
- Acarrear - To entail, to bring about
- Asombrada - Astonished
- Biblioteca - Library
- Eolípila - Aeolipile
- Experimentos - Experiments
- Funcionamiento - Functioning
- Impresionado - Impressed
- Inventos - Inventions
- Matemáticas - Mathematics
- Planos - Blueprints, plans
- Precaución - Caution
- Reflexiva - Reflective
- Relevancia - Relevance
- Sorprendido - Surprised
- Travesías - Journeys
- Vasta - Vast

La Advertencia de Arquímedes

Preocupada por las advertencias de Herón, Carmen decide buscar el consejo de otro gran sabio de la antigüedad: Arquímedes. Preparada con el hechizo, viaja a la antigua Siracusa.

Una vez allí, Carmen inicia la búsqueda del célebre matemático. Interroga a las personas hasta que finalmente lo localiza, ocupado con varios dispositivos ingeniosos.

"¿Eres Arquímedes?" pregunta Carmen con deferencia.

"Sí, soy yo. ¿Quién eres tú y cómo sabes quién soy?" responde Arquímedes, mirándola con interés.

"Mi nombre es Carmen. Vengo de un tiempo muy distante", explica ella, procurando simplificar su historia.

Sorprendido pero intrigado, Arquímedes la invita a su taller. "Explícame más sobre tu viaje", solicita.

Carmen relata sus aventuras temporales y sus encuentros con importantes figuras históricas. Arquímedes la escucha con gran atención.

"¿Conoces las leyes de la física, Carmen?" pregunta Arquímedes, mientras le muestra sus hallazgos, incluidas la palanca y el principio de flotación.

"Sí, algo", responde Carmen, maravillada ante sus inventos.

Arquímedes se torna serio. "Viajar en el tiempo es arriesgado. Puedes cambiar la realidad de formas inesperadas."

Carmen asiente, consciente de sus experiencias previas. "Lo estoy comprendiendo", confiesa.

"Debes tener mucho cuidado, Carmen. Cambiar el pasado puede tener efectos catastróficos", insiste Arquímedes con gravedad.

Las palabras de Arquímedes pesan en Carmen. "Gracias, Arquímedes. Seré más prudente."

Se despide y regresa a su época, meditando sobre la advertencia recibida.

De vuelta en casa, Carmen reflexiona sobre las lecciones aprendidas. A pesar de su deseo de seguir explorando, reconoce la importancia de la responsabilidad. Decide que realizará un último viaje, pero esta vez lo hará con mayor cautela.

- Advertencias - Warnings
- Arriesgado - Risky
- Catastróficos - Catastrophic
- Consciente - Aware
- Deferencia - Deference, respect
- Dispositivos - Devices
- Efectos - Effects
- Flotación - Flotation
- Gravedad - Gravity, seriousness
- Hallazgos - Findings
- Interroga - Interrogates
- Inventos - Inventions
- Maravillada - Amazed
- Palanca - Lever
- Prudente - Prudent, cautious
- Serio - Serious
- Taller - Workshop

Un Último Viaje

Tras reflexionar sobre las advertencias de Arquímedes, Carmen
decide emprender un último viaje en el tiempo. Llena de nostalgia,
se prepara para realizar el hechizo.

Regresa al pasado, a la casa de su infancia. Desde lejos, observa
a sus jóvenes padres. Se oculta, mirando su propia vida desde una
perspectiva exterior.

Carmen se emociona al ver su antiguo hogar y sus días de niñez.
Se acerca a la casa tratando de mantener la serenidad.

En el jardín, se encuentra con su versión infantil jugando. La
visión de sí misma de niña desde afuera le resulta insólita.

La curiosidad vence a Carmen, y se acerca aún más. Observa a
su yo niña con una mezcla de alegría y nostalgia.

Decide interactuar con sus padres, haciéndose pasar por una
amiga de la familia de visita.

Pasa la tarde con ellos, disfrutando y recordando momentos felices de su infancia.

Al caer la tarde, Carmen sabe que debe marcharse para no alterar su propio pasado.

Se despide de sus padres y se dirige hacia su yo infantil, planeando un adiós silencioso desde la lejanía.

Sin embargo, la niña la ve y se acerca corriendo, preguntando: "¿Quién eres?".

Instintivamente, Carmen extiende su mano, y en ese instante, su yo infantil la toca.

Todo se ilumina de repente. Carmen comprende las graves consecuencias de su acto: su presencia simultánea con su versión pasada ha roto un principio fundamental.

A medida que el mundo a su alrededor parece colapsar, Carmen capta la verdadera importancia de la prudencia en los viajes temporales. La luz se intensifica, englobando todo lo que conocía.

- Adiós - Goodbye
- Alterar - To alter
- Colapsar - To collapse
- Consecuencias - Consequences
- Curiosidad - Curiosity
- Emociona - Moves, excites
- Emprender - To undertake
- Englobando - Encompassing
- Exterior - Outside
- Infantil - Childlike, infant
- Insólita - Unusual, extraordinary
- Interactuar - To interact
- Jardín - Garden
- Nostalgia - Nostalgia
- Perspectiva - Perspective
- Prudencia - Prudence

- Serenidad - Serenity

Consecuencias Inesperadas

La intensa luz que rodea a Carmen se disipa lentamente. Ella abre los ojos y descubre que se encuentra en un espacio desconocido, carente de color y forma, un vacío absoluto.

"¿Dónde estoy?" pregunta Carmen, pero su voz parece perderse en la inmensidad del vacío.

Pronto comprende la magnitud de su error: su encuentro con su yo pasado ha desgarrado el tejido del espacio-tiempo. "He cometido un gran error", murmura.

Intenta recitar el hechizo para regresar a su hogar, pero las palabras se disuelven en la nada; aquí no existe la magia, solo el vacío.

De repente, distingue en la lejanía lo que parecen ser fragmentos de recuerdos, flotando como si fueran burbujas. Intenta capturarlos, pero se desvanecen al contacto, esfumándose como el humo.

Entonces, escucha una voz familiar, la de Arquímedes. "Carmen", dice la voz, "debes enmendar el daño que has causado".

"¿Cómo puedo hacerlo?", pregunta Carmen, desesperada.

La respuesta de Arquímedes llena el vacío: "Debes sacrificar tu existencia presente para restablecer el equilibrio".

Carmen se queda muda por un instante, pero la decisión pronto se forja en su interior, alimentada por el remordimiento. "Lo haré", afirma con resolución. "Es mi deber".

Concentra todas sus fuerzas, evocando el lugar y momento exacto en que el desastre comenzó.

Impulsada por una firme determinación, Carmen se dirige hacia el punto crítico de su infancia, el epicentro del caos.

A medida que se aproxima, siente que la energía del hechizo la rodea, y con un último pensamiento lleno de esperanza, libera todo el poder mágico acumulado.

Un estallido de luz purifica todo a su paso y, en ese momento crucial, el universo se reconstruye; las líneas del tiempo se entrelazan nuevamente, restaurando el orden natural.

El universo renace, los colores y la vida retoman su curso normal. Carmen, la viajera temporal, desaparece de la realidad conocida. No obstante, en el tejido del cosmos perdura una huella sutil de su ser, un eco de su existencia, marcando su sacrificio por la estabilidad de la vida y la continuidad del tiempo.

* Absoluto - Absolute
* Burbujas - Bubbles
* Caos - Chaos
* Carente - Lacking
* Desgarrado - Torn
* Desvanecen - Fade away
* Determinación - Determination
* Disipa - Dissipates
* Eco - Echo
* Enmendar - To amend, to correct
* Esfumándose - Vanishing
* Estallido - Outburst, burst
* Flotando - Floating
* Inmensidad - Immensity
* Magia - Magic
* Remordimiento - Remorse
* Vacío - Void

El Sueño Congelado del Poder

El Dictador y la Guerra

En el corazón de un palacio oscurecido por la desesperación, el dictador miraba el cielo encapotado, con la frente surcada por el pesar de una guerra que, inmisericorde, se le escapaba de entre los dedos. La atmósfera estaba tensa, cargada de temor y derrota.

"No puedo perder", rugió el dictador, llenando la estancia con la fuerza de su rechazo. "¡No lo permitiré!"

A su lado, un general, cuyo uniforme relataba batallas pasadas, temblaba ligeramente. "Mi líder", empezó con voz temblorosa, "las fuerzas enemigas son muy fuertes. Nos superan en número y estrategia."

El dictador frunció el ceño, sus ojos destellando una mezcla de ira y resolución. En ese momento, un hombre delgado, vestido con la bata blanca de un científico, entró apresuradamente en la sala. "Señor", dijo, su voz un hilo de esperanza ante la desesperación creciente, "tengo un plan. Pero es un secreto."

Intrigado, el dictador avanzó, su presencia imponente incluso en la desesperación. "Háblame de ese plan", demandó, su interés renovado por la promesa de una solución.

El científico se acercó y susurró la esencia de una estrategia audaz: congelarse en el tiempo hasta que las circunstancias cambiaran a su favor. "Eso haremos", declaró el dictador, su decisión tan inquebrantable como el acero. "Congelarme en el tiempo es la solución."

El acuerdo se selló en el silencio de la tumba, un pacto forjado en las sombras del miedo y la ambición. "Nadie lo sabrá. Será nuestro secreto", asintió el científico, cómplice de este giro del destino.

La cámara criogénica se convirtió en una tumba de esperanza y desesperación, un sarcófago para un reinado en pausa. "Cuando despierte, seguiré siendo el líder", murmuró el dictador, sus últimas palabras resonando en el frío creciente que lo envolvía.

Con el cierre de la cámara, la guerra terminó sin él; las viejas heridas del territorio comenzaron a cicatrizar lentamente. Los años pasaron como hojas arrastradas por el viento, y la gente, con el tiempo, olvidó al tirano que una vez forjó su destino con puño de hierro.

Un día, un niño curioso señaló una fotografía antigua, su dedo pequeño delineando los contornos de un rostro borrado por el tiempo. "¿Quién era ese hombre, abuelo?" preguntó, sus grandes ojos llenos de la inocencia de quienes no han sido marcados por la historia.

El abuelo, su rostro marcado por el tiempo y la experiencia, observó la foto y luego al niño. "Fue un líder de antaño", respondió, su voz baja, cargada de recuerdos que preferiría dejar atrás. "Pero la gente olvida los malos tiempos para poder vivir en paz."

Así, en el continuo fluir de la vida, el dictador quedó relegado a una nota al pie de página en la historia, un eco de una era que el mundo prefería dejar en el olvido.

- Acero - Steel
- Arrastradas - Dragged
- Cicatrizar - To heal, to cicatrize
- Congelarse - To freeze oneself
- Criogénica - Cryogenic
- Desesperación - Despair
- Encapotado - Overcast, clouded
- Forjado - Forged
- Inmisericorde - Merciless
- Inquebrantable - Unbreakable
- Pesar - Sorrow
- Puño - Fist
- Rechazo - Rejection
- Sarcófago - Sarcophagus
- Surcada - Furrowed
- Temblorosa - Trembling

El Paso del Tiempo

Los años pasaban rápidamente, como hojas llevadas por el viento, transformando todo a su paso. Las ciudades, que una vez fueron marcadas por la guerra, ahora brillaban, rebosantes de nueva vida.

En un parque, dos amigos, Ana y Luis, paseaban mientras observaban su entorno.

"¿Te imaginas cómo era todo esto durante la guerra?" preguntó Ana, observando los edificios modernos.

Luis negó con la cabeza, su expresión era de sorpresa. "Es difícil imaginarlo. Todo ha cambiado mucho."

Y así era. Los coches voladores surcaban el cielo por encima de ellos, y las pantallas gigantes anunciaban noticias de avances tecnológicos.

"¡Mira eso!" exclamó Luis, señalando hacia un dron que entregaba paquetes. "Nuestros abuelos estarían asombrados."

Ana asintió, impresionada por las nuevas tecnologías. Mientras seguían caminando, descubrieron que la naturaleza había reclamado una parte olvidada de la ciudad, donde un antiguo secreto yacía oculto bajo enredaderas y flores.

"Es hermoso cómo la naturaleza recupera su espacio," comentó Ana, sin darse cuenta de que, debajo de ese manto verde, el dictador yacía escondido, congelado en el tiempo.

La vida continuaba, ajena al secreto sepultado. Niños jugaban cerca, sus risas y carreras llenaban el aire, completamente desconocedores del oscuro pasado que descansaba bajo sus pies.

"¿Crees que haya secretos escondidos aquí?" preguntó Luis, un brillo de curiosidad en sus ojos.

Ana se encogió de hombros. "Quizás. Pero son solo historias del pasado. Lo que importa es el presente."

Así, mientras los niños continuaban jugando y los amigos reanudaban su paseo, el dictador seguía en su largo sueño, olvidado por un mundo que había seguido adelante sin él. Los secretos del pasado quedaban guardados, ocultos bajo la sombra de un tiempo que ya solo era un susurro entre las hojas.

- Asombrados - Amazed
- Coches voladores - Flying cars
- Descubrieron - They discovered
- Dron - Drone
- Enredaderas - Vines
- Entorno - Environment, surroundings
- Impresionada - Impressed
- Marcadas - Marked
- Naturaleza - Nature
- Oculto - Hidden
- Paseaban - They walked, strolled
- Recupera - Recovers
- Rebosantes - Brimming
- Sepultado - Buried
- Susurro - Whisper
- Transformando - Transforming
- Yacía - Lay, was lying

El Descubrimiento Accidental

Era un día soleado y despejado cuando un grupo de jóvenes exploradores se internó en una zona antigua, equipados solo con su curiosidad y herramientas de exploración. Ana, la líder del grupo, examinaba el mapa con entusiasmo.

"Hoy podría ser un día importante, amigos", anunció Ana, irradiando optimismo. "Esta área está llena de misterios."

Pedro, el más joven del grupo, no podía ocultar su emoción. "¿Crees que encontraremos algo grande, Ana? ¿Como tesoros o ruinas antiguas?"

Avanzaron entre la maleza, inspeccionando cada rincón y sombra. Julia, armada con su cámara, aprovechaba para documentar cada instante. "Adoro estas aventuras", comentó. "Todo lo que encontramos es un fragmento de historia."

La vegetación abría paso a regañadientes, hasta que Luis, el observador del grupo, se detuvo abruptamente. Ante ellos, escondida por años de abandono natural, yacía una entrada secreta. "Miren esto", exclamó. "Claramente no es natural."

Movidos por la curiosidad, siguieron a Luis hacia la oscuridad del túnel, iluminando el camino con sus linternas. "Es extraño", murmuró Carmen, la escéptica del equipo. "Nunca he visto algo así."

Sus pasos les llevaron a una cámara espaciosa, donde una fría brisa les envolvía. En su centro, descubrieron una cápsula de aspecto futurista, recubierta de hielo y rodeada por luces tenues.

"Esto... es una cámara criogénica", declaró Luis, su voz reflejando la sorpresa del descubrimiento. El grupo se congregó alrededor, observando la figura masculina preservada en su interior.

Ana, la más audaz, se aproximó para inspeccionar mejor. "Este hombre... ¿quién será? Ha estado aquí por décadas, tal vez más."

Pedro, con los ojos muy abiertos, añadió: "Es como una cápsula del tiempo, pero congelada."

Julia, lista con su cámara, captó la escena. "Debemos descubrir más sobre él", decidió. "Esto no es solo un hallazgo; es una historia que espera ser revelada."

Los jóvenes se miraron, conscientes de que habían topado con algo más significativo que cualquier otro hallazgo previo. En silencio, acordaron investigar a fondo este misterio.

- Abruptamente - Abruptly
- Audaz - Bold
- Cápsula - Capsule
- Criogénica - Cryogenic
- Despejado - Clear

- Equipados - Equipped
- Escéptica - Skeptical
- Futurista - Futuristic
- Hallazgo - Finding
- Inspeccionando - Inspecting
- Irradiando - Radiating
- Linternas - Lanterns, flashlights
- Maleza - Underbrush
- Misterios - Mysteries
- Preservada - Preserved
- Regañadientes - Reluctantly
- Vegetación - Vegetation

Despertar

Tras el extraordinario hallazgo, Ana y su grupo de exploradores decidieron solicitar asistencia especializada. En poco tiempo, un equipo de científicos expertos arribó al lugar, equipado con tecnología de vanguardia y una multitud de interrogantes.

"Debemos proceder con precaución", instruyó el Dr. Rivera, líder del equipo de especialistas, mientras inspeccionaban la enigmática cámara criogénica. "Desconocemos qué nos deparará este hallazgo."

La Dra. López, una científica joven que acompañaba al doctor, concordó. "Procederemos a despertar al individuo dentro de la cámara, pero con suma delicadeza. Ignoramos su identidad o su procedencia."

El equipo asintió, consciente de la gravedad del momento. Conectaron los dispositivos necesarios y ajustaron la temperatura de la cámara. De manera gradual, la figura encerrada empezó a mostrar signos de vida.

El hombre en el interior, un dictador cuya historia ellos desconocían, abrió los ojos con lentitud. Se encontró rodeado de caras desconocidas y equipamiento que no reconocía.

"¿Dónde estoy?" inquirió con voz debilitada, intentando incorporarse. "¿Qué lugar es este?"

Pedro, el más joven del grupo, se le acercó con una botella de agua. "Estás seguro aquí", dijo con tono tranquilizador, ayudándolo a beber. "Te encontramos en esta condición, congelado en el tiempo."

El hombre, aún desorientado, observó a su alrededor. Todo le era ajeno: las personas, la tecnología avanzada, incluso el lenguaje que utilizaban parecía diferente.

"¿Cómo... cómo llegué a este estado?" preguntó, su voz cargada de una mezcla de temor y asombro.

Ana se aproximó con cautela, esforzándose por mostrar empatía. "Desconocemos cómo acabaste aquí. Te hallamos en esta cámara criogénica. Nuestra intención es ayudarte a recuperarte."

El Dr. Rivera se acercó para examinar al desconocido más de cerca. "Recuperarás tus fuerzas, pero necesitarás tiempo. Aquí estás a salvo con nosotros."

Con cierta reticencia, el hombre asintió, aunque su mente estaba repleta de interrogantes sin responder. Los especialistas y exploradores le rodeaban, dispuestos a asistir en su recuperación. A pesar de su evidente confusión, comenzaba a entender que se hallaba al inicio de un capítulo nuevo y completamente desconocido en su vida.

- Arribó - Arrived
- Asintió - Nodded
- Conectaron - They connected
- Concordó - Agreed
- Criogénica - Cryogenic
- Debilitada - Weakened
- Desconocemos - We do not know
- Desorientado - Disoriented
- Dictador - Dictator
- Equipamiento - Equipment

* Especialistas - Specialists
* Identidad - Identity
* Incorporarse - To sit up, to get up
* Inquirió - Inquired
* Interrogantes - Questions
* Procedencia - Origin, provenance
* Vanguardia - Avant-garde, cutting edge

Un Nuevo Mundo

En los días subsiguientes, el hombre desconocido, cuya verdadera identidad como dictador aún era ignota para el grupo, comenzó a familiarizarse con el nuevo entorno que lo rodeaba. Ana y su equipo le brindaban explicaciones con paciencia y atención.

"Esto es un teléfono móvil", explicaba Pedro, presentándole un dispositivo pequeño y brillante. "Las personas lo utilizan para comunicarse y acceder a información."

El hombre observaba el artefacto con una mezcla de curiosidad y confusión. "Parece complicado", comentaba, frunciendo el ceño ante la complejidad del objeto.

Julia, con su habitual amabilidad, le ofrecía una sonrisa tranquilizadora. "No te preocupes. Todos aprendemos a nuestro propio ritmo. Aquí estamos para ayudarte", le aseguraba.

El equipo le introducía a un mundo pacífico, lejos de las guerras que él recordaba. Él escuchaba con atención, aunque sus ojos ocultaban las reflexiones que se sucedían en su mente.

"Pero, ¿cómo se mantiene la paz?", preguntaba, mostrando un interés genuino.

Ana, pacientemente, se sentaba a su lado para explicarle. "Las personas colaboran, dialogan y resuelven conflictos sin recurrir a la violencia", le detallaba.

El hombre asentía en aparente comprensión, pero sus pensamientos internos se dirigían por caminos oscuros, recordando su autoridad pasada. No obstante, mantenía en secreto su identidad y sus verdaderos pensamientos.

"Quiero aprender más", declaraba, su voz ocultando la ambición que comenzaba a germinar dentro de él.

El Dr. Rivera, por su parte, seguía la evolución del hombre con gran interés, maravillado por su rápida adaptación, sin sospechar en absoluto de las intenciones subyacentes del desconocido. "Tus avances son notables", le felicitaba con una sonrisa.

Conforme el hombre se recuperaba y se adaptaba, comenzaba a elaborar planes en la sombra. Observaba y aprendía sin revelar demasiado, mientras que los demás, ingenuos y confiados, no lograban entrever la realidad que se ocultaba tras la fachada. La vida continuaba entre lecciones tecnológicas y culturales, sin sospechar que estaban formando la mente de alguien cuya presencia podría, eventualmente, alterar su mundo para siempre.

- Adaptación - Adaptation
- Ambición - Ambition
- Artefacto - Artifact
- Autoridad - Authority
- Colaboran - They collaborate
- Complejidad - Complexity
- Confusión - Confusion
- Desconocido - Unknown
- Dispositivo - Device
- Fachada - Facade
- Identidad - Identity
- Ingenuos - Naive
- Internos - Internal
- Notables - Notable, remarkable
- Pacífico - Peaceful
- Revelar - To reveal
- Subyacentes - Underlying

Secretos y Mentiras

El hombre desconocido, cuyo pasado aún estaba envuelto en sombras, mostraba una astucia impresionante. Con cada día que pasaba, se integraba más en el mundo moderno, adaptando su manera de hablar al estilo del siglo XXI.

"¿Cómo estás hoy?" Ana le preguntaba, ofreciendo una sonrisa mientras caminaban por las calles de la ciudad.

"Estoy bien, gracias por preguntar," él respondía cortésmente, ocultando hábilmente sus pensamientos más íntimos.

Julia y Pedro se unían al grupo, compartiendo anécdotas y risas. El hombre parecía tan afable y accesible que rápidamente se ganó el cariño de todos.

"Nunca imaginé que alguien podría aprender tanto tan rápido," comentaba Julia, admirando su capacidad de adaptación.

El hombre asentía, procesando en silencio sus propios planes. Guardaba su pasado bajo llave, sin revelar ni un ápice de su verdadera historia.

Al mismo tiempo, se dedicaba a estudiar la tecnología moderna con intensa determinación. "¿Cómo funciona esto?" preguntaba, señalando una computadora portátil con una curiosidad que parecía genuina.

El Dr. Rivera, siempre impresionado por su empeño, le explicaba cada detalle con paciencia. "Eres realmente inteligente," le alababa.

Sin embargo, tras su apariencia de estudiante y amigo, el hombre escondía sus verdaderas ambiciones. Estaba planeando recuperar el poder que una vez tuvo, pero de una manera más sutil y calculada esta vez.

La gente confiaba plenamente en él, desconociendo los oscuros secretos que albergaba. Mientras tanto, el hombre tejía su red de mentiras, aguardando el momento oportuno para desvelar su auténtica identidad y reclamar lo que consideraba su derecho.

- Adaptación - Adaptation
- Afable - Affable, friendly
- Ambiciones - Ambitions
- Anécdotas - Anecdotes
- Astucia - Cunning
- Calculada - Calculated
- Cariño - Affection
- Cortésmente - Courteously
- Determinación - Determination
- Empeño - Effort, endeavor
- Envuelto - Wrapped, enveloped
- Impresionante - Impressive
- Íntimos - Intimate, inner
- Ocultando - Hiding
- Pacientes - Patients (also used figuratively for 'patient people')
- Portátil - Portable
- Risas - Laughter

Construyendo Poder

El hombre desconocido, ahora más confiado en su papel en el mundo moderno, comenzó a ejercer su influencia sobre las personas que lo rodeaban. Con cada discurso sobre liderazgo que pronunciaba, su aura de autoridad crecía.

"¡Amigos!" exclamaba con fervor, dirigiéndose a una multitud que lo escuchaba atenta. "Es hora de un cambio. Es hora de liderazgo fuerte y decidido."

Ana y los demás observaban desde la multitud, impresionados por la elocuencia del hombre. "¿No te parece inspirador?" preguntaba Julia, emocionada por el discurso.

"Sí, es inspirador," respondía Ana, aunque algo dentro de ella le hacía sentir incómoda. Pero, como muchos otros, empezaba a ser seducida por las palabras del hombre.

Poco a poco, algunos comenzaban a seguirlo, atrapados por su carisma y sus promesas de un futuro mejor. El hombre, astuto, reunía a su alrededor un pequeño grupo de seguidores leales.

"Creo que tiene razón," comentaba un hombre entre la multitud. "Necesitamos un líder fuerte que nos guíe hacia adelante."

Sin embargo, ninguno de ellos reconocía la oscura sombra que se cernía sobre el hombre. Su maldad, oculta bajo una máscara de carisma y elocuencia, pasaba desapercibida para la mayoría.

El hombre, paciente como un depredador acechando a su presa, sabía que su poder crecía lentamente, pero de manera constante. Cada nuevo seguidor, cada palabra de apoyo, lo hacía más fuerte.

"Pronto," murmuraba para sí mismo, mientras observaba el crecimiento de su influencia. "Pronto será todo mío."

La gente, cegada por la esperanza y la promesa de un futuro mejor, no veía el peligro que se cernía sobre ellos. Ajena al mal que se gestaba en su seno, la comunidad seguía adelante, sin sospechar que estaban siendo conducidos hacia un destino incierto por un hombre cuyas verdaderas intenciones permanecían ocultas ante sus ojos.

- Astuto - Cunning
- Autoridad - Authority
- Carisma - Charisma
- Cernía - Loomed, hovered
- Depredador - Predator
- Desapercibida - Unnoticed
- Elocuencia - Eloquence
- Fervor - Fervor, passion
- Gestaba - Was brewing, was forming
- Guíe - Guide (subjunctive form of "to guide")
- Incierto - Uncertain
- Influencia - Influence
- Liderazgo - Leadership
- Maldad - Evilness, malice

- Promesas - Promises
- Seducida - Seduced
- Seguidores - Followers

Planes y Preparaciones

En la oscuridad de la noche, el hombre desconocido, ahora conocido como el dictador entre su pequeño círculo de seguidores leales, trazaba sus planes con cautela y astucia. "Es hora", susurraba en la penumbra, su voz llena de determinación. "Es hora de tomar el control."

Sus seguidores, con ojos brillantes de devoción, asentían en acuerdo. "Estamos contigo, líder", decían al unísono, listos para seguirlo en cada paso del camino.

Sin embargo, la mayoría de la gente seguía ciega ante la maldad que anidaba en su interior. "Es un buen hombre", comentaba una mujer a su vecino. "Nos está guiando hacia un futuro mejor."

Mientras tanto, en secreto, el dictador hacía planes meticulosos. Preparaba un gran evento, un acontecimiento que cambiaría el curso de la historia. "Debemos demostrar nuestra fuerza", explicaba a su grupo íntimo. "Debemos mostrarles quién es el verdadero líder."

Con cada día que pasaba, su poder crecía, alimentado por la lealtad de sus seguidores y la ignorancia de la mayoría. "Pronto", murmuraba para sí mismo, su mirada fija en el horizonte. "Pronto seré quien domine este mundo una vez más."

Sin embargo, a medida que se acercaba el gran evento, algunos empezaban a dudar. "¿Es esto lo correcto?" susurraban entre ellos, sintiendo un temor creciente en sus corazones.

Pero para entonces, era demasiado tarde. Los planes del dictador estaban en marcha, sus preparativos completados. El mundo estaba a punto de ser testigo de su regreso triunfal, sin darse cuenta del peligro que se avecinaba bajo la sombra de su liderazgo.

- Acontecimiento - Event
- Anidaba - Nested
- Astucia - Cunning
- Cautela - Caution
- Devoción - Devotion
- Dictador - Dictator
- Dominar - To dominate
- Lealtad - Loyalty
- Maldad - Evilness
- Meticulosos - Meticulous
- Penumbra - Gloom, half-light
- Preparativos - Preparations
- Regreso triunfal - Triumphant return
- Seguidores - Followers
- Susurraba - Whispered
- Temor - Fear
- Unísono - Unison

El Retorno al Poder

La plaza principal de la ciudad estaba abarrotada esa tarde. Había un zumbido de emoción en el aire, pero también una tensión palpable. En el frente, sobre una plataforma elevada, el hombre desconocido se levantó, su figura imponente recortada contra la luz del sol.

"¡Ciudadanos!" proclamó con una voz resonante, lleno de autoridad. "Ha llegado el momento de revelar mi verdadera identidad."

La multitud contenía la respiración mientras él continuaba. "Soy vuestro antiguo líder, aquel que una vez gobernó con mano firme y determinación."

Hubo un murmullo de sorpresa entre la gente; algunos expresaron su apoyo, mientras otros mostraban incredulidad. "¿Es posible?" se preguntaba una mujer a su lado, con los ojos muy abiertos.

A medida que la multitud se dividía entre quienes lo apoyaban y los que no, la tensión desembocó en un conflicto. Los puños volaban, los gritos llenaban el aire y la plaza se transformaba en un campo de batalla improvisado.

El dictador, apoyado por sus seguidores leales, desplegó tecnología avanzada, sus armas brillando bajo el sol. "Es hora de reclamar lo que es nuestro por derecho," declaró, su voz cargada de resolución.

Muchos se unieron a él, seducidos por la promesa de poder y prosperidad. Pronto, las calles se llenaron de luchas y disturbios mientras el dictador se encaminaba hacia el control total.

Con el tiempo, la ciudad quedó bajo su dominio. Los que se oponían eran silenciados, sus voces ahogadas por el estruendo del nuevo poder.

A medida que la ciudad caía en la oscuridad, el mundo observaba, aterrorizado, consciente de que un nuevo líder había surgido, dispuesto a cambiar el curso de la historia con sus propias manos implacables.

- Abarrotada - Crowded
- Autoridad - Authority
- Campo de batalla - Battlefield
- Ciudadanos - Citizens
- Conflictos - Conflicts
- Desembocó - Resulted, led to
- Dominio - Dominion, control
- Estruendo - Roar, loud noise
- Gobernó - Ruled, governed
- Implacables - Relentless
- Incredulidad - Incredulity
- Luchas - Fights, struggles
- Multitud - Crowd
- Palpable - Palpable, tangible
- Plataforma elevada - Elevated platform

* Resolución - Resolution, determination
* Seducidos - Seduced

Consecuencias y Realidad

Bajo el férreo control del dictador, la ciudad ahora vivía en un
estado constante de temor. "No podemos seguir así", murmuraba
un anciano a su vecino, con los ojos llenos de preocupación.

"Sí, es terrible", respondía el vecino, su voz apenas audible,
temeroso de ser escuchado.

Las calles, antes llenas de vida y alegría, estaban ahora envueltas
en una atmósfera sombría y opresiva. Las libertades se habían
reducido y la gente vivía con el miedo constante a las represalias
del régimen.

El mundo exterior observaba con preocupación creciente.
"Debemos hacer algo", declaraba un líder mundial en una reunión
de emergencia. "No podemos permitir que esto continúe."

Sin embargo, a pesar de los esfuerzos internacionales, el
dictador se mostraba como una fuerza formidable. "Nada puede
detenerme", proclamaba con arrogancia, rodeado por sus
seguidores leales.

Entretanto, la resistencia se organizaba en la sombra,
planificando un levantamiento contra el régimen opresivo. "Es
nuestra única esperanza", susurraban entre ellos, sus ojos llenos de
determinación.

Pero la lucha era ardua y peligrosa. Muchos fueron capturados
o simplemente desaparecieron en la oscuridad de la noche.

Con cada día que pasaba, la esperanza parecía desvanecerse,
siendo reemplazada por la sombría realidad de que el dictador
reinaba supremo. La oscuridad se extendía por el país, sumiendo a
sus habitantes en un abismo de desesperación y miedo.

* Abismo - Abyss
* Anciano - Elderly person

- Arrogancia - Arrogance
- Atmósfera - Atmosphere
- Desvanecerse - To fade away
- Dictador - Dictator
- Emergencia - Emergency
- Esperanza - Hope
- Férreo - Iron (used metaphorically for strong or strict)
- Levantamiento - Uprising
- Murmuraba - Murmured
- Opresiva - Oppressive
- Preocupación - Worry, concern
- Regimen - Regime
- Represalias - Reprisals
- Resistencia - Resistance
- Temeroso - Fearful

El Reloj de las Épocas

El Experimento de Carlos

Carlos es un hombre muy inteligente que vive en Madrid. Él es científico y tiene un gran laboratorio en su casa. En este laboratorio, Carlos trabaja en algo muy especial: un experimento de viaje en el tiempo.

Cada día, Carlos lee muchos libros y escribe notas. Dibuja planes y escribe fórmulas en grandes hojas de papel. Su sueño es construir una máquina del tiempo.

Después de mucho trabajo, día y noche, Carlos termina su proyecto. Delante de él, está la máquina del tiempo, grande y llena de botones y luces.

Un día, Carlos decide que es el momento de probar su máquina. Se siente un poco nervioso, pero también muy emocionado. Se acerca a la máquina y empieza a ajustar los controles.

Carlos dice: "Espero que funcione. He trabajado mucho en esto."

Activa la máquina y, de repente, todo a su alrededor comienza a brillar. Carlos se siente mareado, pero feliz. Está viajando en el tiempo.

La habitación se llena de luces y colores. Carlos mira alrededor, asombrado. "¡Lo hice! ¡Estoy viajando en el tiempo!", grita emocionado.

En ese momento, Carlos no sabe a dónde irá. Solo espera descubrir algo maravilloso. Su aventura acaba de comenzar.

- Ajustar - To adjust
- Asombrado - Amazed
- Botones - Buttons
- Brillar - To shine
- Controles - Controls
- Dibuja - Draws

- Emocionado - Excited
- Espero - I hope
- Fórmulas - Formulas
- Laboratorio - Laboratory
- Luces - Lights
- Mareado - Dizzy
- Máquina del tiempo - Time machine
- Nervioso - Nervous
- Probar - To test
- Proyecto - Project
- Viajando - Traveling

Cien Años en el Futuro

Carlos abre los ojos lentamente. Se encuentra en el futuro, en un lugar que parece Madrid, pero todo es diferente. Camina por las calles observando edificios extraños y muy altos que nunca antes había visto. La gente camina rápido, todos visten de manera uniforme, como si llevaran el mismo tipo de ropa. Carlos piensa, "¿Por qué todos parecen iguales?"

Carlos se siente confundido y trata de hablar con la gente, pero nadie sonríe ni habla con él. Observa que hay carteles con reglas en todas partes, diciendo qué hacer y qué no hacer. "¿Qué ha pasado aquí?", se pregunta.

De repente, Carlos se da cuenta de algo importante. Está en una España muy diferente, una España socialista. Ve que no hay libertades individuales, todos deben ser obedientes y seguir las mismas reglas.

Queriendo entender más, Carlos decide hablar con alguien. Se acerca a una señora y le pregunta con voz suave:

"Perdón, señora, ¿puede decirme qué ha pasado aquí?"

La señora mira a Carlos con miedo y le responde rápidamente, "No podemos hablar. Hay reglas." Y se va caminando rápido.

Carlos sigue caminando, cada vez más preocupado. Piensa en voz alta: "Necesito entender más. Necesito saber qué puedo hacer."

Buscando respuestas, Carlos camina hacia una zona donde solía
haber un parque. Ahora, ve que hay una pantalla grande mostrando
mensajes del gobierno. Se detiene un momento y mira alrededor.
Todos siguen caminando, nadie se detiene, nadie habla.

Carlos suspira y dice, "Esto no es lo que esperaba del futuro.
Debo encontrar una manera de ayudar a cambiar esto."

Decidido, Carlos empieza a planear su próximo paso. Sabe que
tiene una gran herramienta: su máquina del tiempo. Pero primero,
necesita entender completamente lo que ha sucedido en esta nueva
realidad. Con determinación, se dirige a la biblioteca más cercana,
esperando encontrar respuestas.

- Carteles - Posters, signs
- Confundido - Confused
- Determinación - Determination
- Diferente - Different
- Edificios - Buildings
- España socialista - Socialist Spain
- Extraños - Strange
- Libertades individuales - Individual freedoms
- Mensajes - Messages
- Obedientes - Obedient
- Pantalla grande - Large screen
- Parque - Park
- Preocupado - Worried
- Reglas - Rules
- Respuestas - Answers
- Uniforme - Uniform
- Visten - They dress

Descubriendo la Nueva Realidad

Carlos camina por las calles mirando a la gente. Ve que todos
tienen miedo. Intenta hablar con ellos: "Hola, ¿cómo estás?"
pregunta Carlos a un hombre.

El hombre mira a Carlos, luego mira alrededor y susurra, "No puedo hablar. Hay cámaras y micrófonos."

Carlos ve las cámaras en las esquinas de las calles. "¡Oh! Entiendo", dice Carlos y sigue caminando.

Carlos entra en una biblioteca. La biblioteca es grande y silenciosa. Busca libros sobre la historia y el gobierno. Encuentra libros que explican los cambios. Lee sobrc las nuevas leyes y cómo el gobierno controla todo.

"No hay elecciones", lee Carlos. "Las familias no pueden reunirse libremente." Piensa en su propia familia y se siente triste.

Ve fotos de escuelas. Los niños aprenden todos lo mismo. No hay música ni arte. Carlos siente más tristeza por la gente.

Carlos se sienta y piensa. "Quiero ayudar a estas personas. Quiero cambiar esta realidad."

Tiene una idea. "Puedo usar mi máquina del tiempo", piensa.

Pero, ¿cómo puede cambiar el futuro? Carlos piensa y piensa. Necesita un plan.

Mientras tanto, habla con más gente en la biblioteca. Pero todos hablan bajo y rápido.

"¿Cómo puedo cambiar las cosas aquí?" pregunta Carlos a una mujer que lee un libro.

La mujer mira a Carlos y dice, "Tenemos que recordar cómo era antes. Necesitamos esperanza."

Carlos asiente. "Sí, tienes razón. Voy a traer esperanza."

Carlos sale de la biblioteca con un nuevo plan. Va a usar su máquina del tiempo para cambiar el futuro. Pero primero, necesita aprender más sobre el pasado y lo que solía ser importante para la gente.

"Voy a hacer un cambio", se dice a sí mismo. "Por un futuro mejor."

Carlos vuelve a su casa. Piensa en su máquina del tiempo. "Es hora de preparar todo", se dice. Está listo para hacer un cambio grande.

- Biblioteca - Library
- Cambiar - To change
- Cámaras - Cameras
- Controla - Controls
- Elecciones - Elections
- Escuelas - Schools
- Esperanza - Hope
- Gobierno - Government
- Leyes - Laws
- Libremente - Freely
- Micrófonos - Microphones
- Música - Music
- Nuevo - New
- Realidad - Reality
- Reunirse - To gather, to meet
- Tristeza - Sadness

La Resistencia

Carlos busca personas que piensan diferente. Camina por las calles mirando a todos, esperando encontrar a alguien que no tenga miedo. Después de mucho buscar, encuentra un grupo secreto: La Resistencia.

Una noche, en un lugar oculto, Carlos se reúne con ellos. Al principio, todos lo miran con desconfianza.

"¿Quién eres tú?" pregunta una mujer fuerte.

"Soy Carlos y he venido del pasado," responde con valentía. "Tengo una máquina del tiempo."

La gente en la habitación se mira con sorpresa. Un hombre mayor se acerca y dice, "Cuéntanos más, Carlos."

Carlos les cuenta todo sobre su máquina del tiempo y cómo llegó hasta allí. La Resistencia está muy interesada.

"Queremos usar tu máquina para cambiar el futuro," dice la mujer fuerte.

Carlos asiente con la cabeza. "Quiero ayudarles. Juntos podemos planear cómo cambiar la historia."

Todos se sientan juntos y comienzan a planificar. Aprenden unos de otros sobre el pasado y lo que llevó al mundo a ser así.

"Hagamos un plan para enseñar a la gente a pensar y ser libres," sugiere Carlos.

La Resistencia y Carlos trabajan día y noche. Planean cómo esconder mensajes en el pasado para advertir a las personas.

"Mis amigos," dice Carlos un día, "he aprendido mucho con ustedes. Ahora tengo esperanza."

La Resistencia prepara los mensajes y encuentra lugares seguros para ocultarlos.

Carlos se prepara para viajar de nuevo en el tiempo. Mira a sus nuevos amigos y dice, "Volveré al pasado y haré todo lo posible para cambiar nuestro futuro."

Todos en la habitación se levantan y lo abrazan. "Buena suerte, Carlos," dice la mujer fuerte con lágrimas en los ojos.

Carlos se siente listo. Sabe que tiene una gran misión. Con la esperanza en su corazón, se dirige a su máquina del tiempo, listo para hacer un cambio en el mundo.

- Abrazan - They hug
- Desconfianza - Distrust
- Diferente - Different
- Esconder - To hide
- Esperanza - Hope
- Fuerte - Strong
- Interesada - Interested

- Libres - Free
- Máquina del tiempo - Time machine
- Mensajes - Messages
- Oculto - Hidden
- Pasado - Past
- Planear - To plan
- Resistencia - Resistance
- Valentía - Bravery
- Venir - To come
- Viajar - To travel

Volver al Pasado

Carlos ajusta su máquina del tiempo con cuidado. Se encuentra en la base secreta de La Resistencia. Todos están allí para despedirse.

"Gracias por todo, amigos," dice Carlos.

"Buena suerte, Carlos," responden todos juntos.

Carlos presiona un botón y, de repente, viaja de nuevo al pasado. El viaje es rápido y pronto llega a su laboratorio en Madrid.

Primero, Carlos esconde los mensajes de La Resistencia en lugares que sabe que la gente encontrará en el futuro. Pone uno en un libro viejo en la biblioteca, otro detrás de un cuadro en una galería y otro en una escuela.

Después, Carlos empieza a trabajar para mejorar la educación. Va a escuelas y habla con profesores.

"Hola, soy Carlos. Quiero ayudar a hacer la educación mejor," dice a los profesores.

"¡Claro, Carlos! ¿Qué ideas tienes?" preguntan los profesores.

Carlos explica que es importante pensar libremente y ser creativos. Los profesores escuchan y comienzan a cambiar cómo enseñan.

Carlos también promueve la libertad de pensamiento. Habla con la gente en las calles y les explica por qué es importante tener ideas propias.

"Es importante pensar por nosotros mismos," les dice.

La gente empieza a escuchar y a pensar de manera diferente.

Además, Carlos crea espacios para el arte y la música. Habla con artistas y músicos.

"Vamos a hacer más arte y música," les anima.

Los artistas y músicos comienzan a crear más y la gente disfruta del arte y la música.

Carlos también habla con políticos y educadores. Les cuenta sobre la democracia y la libertad.

"Es importante que todos puedan expresar lo que piensan," les explica.

Los políticos y educadores escuchan a Carlos y comienzan a cambiar las leyes para hacer la sociedad más libre.

Poco a poco, la gente comienza a pensar de manera diferente. Carlos ve cambios positivos en la sociedad. La gente es más abierta y libre.

Carlos mira a su alrededor y sonríe. Siente que ha cumplido su misión. La sociedad ha cambiado para mejor gracias a su esfuerzo y al de La Resistencia. Ahora, sabe que el futuro será un lugar mejor.

- Ajusta - Adjusts
- Creativos - Creative
- Democracia - Democracy
- Despedirse - To say goodbye
- Diferente - Different
- Educativos - Educational
- Enseñan - They teach
- Escuchan - They listen

- Espacios - Spaces
- Expresar - To express
- Galería - Gallery
- Ideas - Ideas
- Libertad - Freedom
- Mensajes - Messages
- Pensamiento - Thought
- Promueve - Promotes
- Viaja - Travels

Un Futuro Cambiado

Carlos decide que es hora de volver al futuro. Va a su máquina del tiempo y, con cuidado, ajusta los controles. "Es hora de ver si todo ha cambiado", piensa.

Presiona el botón y de repente, está viajando cien años hacia adelante otra vez. Cuando la máquina se detiene, Carlos sale y mira alrededor. Está en Madrid, pero es muy diferente.

Las calles están llenas de color y vida. Hay árboles, flores y murales por todas partes. La gente camina por la calle, vistiendo ropa de muchos colores y estilos diferentes. Todos parecen felices y libres.

Carlos camina por las calles, observando. No hay carteles con reglas opresivas. Ve familias riendo, niños jugando y gente celebrando en las plazas. Hay música en cada esquina, y ve artistas pintando y bailarines actuando en la calle.

Entonces, Carlos encuentra a la Resistencia. Están en el mismo lugar, pero ahora no es tan secreto. Lo ven y corren a abrazarlo.

"¡Carlos, lo lograste!" exclama la mujer fuerte, sonriendo.

"Sí, todo es diferente, todo es mejor", responde Carlos, emocionado.

La Resistencia le cuenta cómo, después de que él cambió el pasado, la sociedad empezó a cambiar poco a poco. La gente se volvió más abierta, más creativa y más libre.

"Ahora valoramos la libertad y la igualdad más que nunca", dice el hombre mayor con lágrimas en los ojos.

Carlos camina por la ciudad, viendo todos los cambios. Hay espacios para que la gente se exprese, aprenda y comparta. Todos son diferentes, pero todos se respetan y viven en armonía.

Mirando todo esto, Carlos sabe que el futuro está seguro. Su viaje en el tiempo no solo cambió la historia, sino que también creó un futuro lleno de esperanza y felicidad. Sonriendo, Carlos se da cuenta de que ha completado su misión. La sociedad ha cambiado para mejor, y él ha sido parte de ese cambio.

- Abrazarlo - To hug him
- Actuando - Performing
- Ajusta - Adjusts
- Celebrando - Celebrating
- Controles - Controls
- Creativa - Creative
- Diferente - Different
- Emocionado - Excited, moved
- Igualdad - Equality
- Murales - Murals
- Opresivas - Oppressive
- Plazas - Squares, plazas
- Respetan - Respect
- Riendo - Laughing
- Sociedad - Society
- Vistiendo - Wearing
- Volvió - Turned, became

Spanish Graded Readers

For more books and E-book options visit:

www.briansmith.de

www.ingramcontent.com/pod-product-compliance
Lightning Source LLC
Chambersburg PA
CBHW052041150726
48002CB00002B/697